职业教育校企合作创新发展研究

黄茵茵　潘　成　孙美娇　著

中国文联出版社

图书在版编目（CIP）数据

职业教育校企合作创新发展研究 / 黄茵茵，潘成，孙美娇著．-- 北京：中国文联出版社，2024. 9.
ISBN 978-7-5190-5666-7

Ⅰ．G719.2

中国国家版本馆 CIP 数据核字第 2024RV2154 号

著　　者　黄茵茵　潘成　孙美娇
责任编辑　周欣
责任校对　秀点校对
装帧设计　江西省铜豌豆

出版发行　中国文联出版社有限公司
社　　址　北京市朝阳区农展馆南里 10 号　　邮编　100125
电　　话　010-85923025（发行部）　　010-85923091（总编室）
经　　销　全国新华书店等
印　　刷　明玺印务（廊坊）有限公司

开　　本　710 毫米 ×1000 毫米　1/16
印　　张　6.375
字　　数　100 千字
版　　次　2024 年 9 月第 1 版第 1 次印刷
定　　价　68.00 元

前　言

在当今全球经济一体化与产业升级转型的大潮中，职业教育作为连接教育与产业的重要桥梁，其创新发展日益成为提升国家竞争力、促进经济高质量发展的关键要素。校企合作作为职业教育改革与发展的重要路径，不仅能够有效促进教育资源与产业资源的深度融合，还能够为培养适应市场需求的高素质技术技能人才提供有力支撑。

本书旨在深入探讨职业教育校企合作的创新发展路径，通过系统梳理校企合作相关概念、理论基础及国内外实践模式，分析高职院校开展校企合作的必要性和意义，进而提出优化混合所有制产业学院办学模式、完善专业教师培养和选聘机制，以及激发企业参与校企合作动力的策略与政策建议。我们期望通过这一研究，为构建更加紧密、高效、可持续的职业教育校企合作体系提供理论支持与实践指导，推动职业教育与产业发展同频共振，共同迈向更加辉煌的未来。

前　言

目录

第一章　校企合作相关概念界定和理论基础

第一节　相关概念的界定

一、高职院校的界定

根据学校的办学性质划分，高职院校是指与一般的普通高等学校、高等专科学校相区分的高等职业学校；根据学校的教育水平划分，高职院校是与研究型大学、应用型大学等相区分的专业学校。高等职业技术学院是指培养在生产、服务、管理一线具备综合职业能力和全面素质的技术应用型人才，是高等职业技术教育的发展方向。当前，高职院校分为本科和专科两个层次，其中有职业技术学院、部分本科院校和高职院校。

二、校企合作模式的含义

所谓“校企”，就是学校、教育机构与企业界、产业界之间的各类人才培养、科研与技术服务等领域的一系列的协作。本书所述的“校企合作”，是指高等职业技术学院与企业之间的协作。

国际职业教育的发展历程表明，校企合作是实现高职高专发展的根本途径。关于“校—企”的关系，中外学术界有很多观点。

国际合作教育学会认为，协作教学是把课堂教学与工作教学相融合，让学员把自己的理论运用于实际工作中，再把工作中所面临的问题和经验推广到校园中。

加拿大校企联合教育会将校企合作的概念界定为：第一，校企合作是把校内的教学内容和与所学专业的专业技能联系在一起的一种教学方式。第二，校企联合办学是把校园内外的工作情境与实际工作场景相融合的一种教学战略，而在校外工作的实践与其所学的内容有着密切的关系。第三，校企合作的一项教学项目，即让在校的同学参与到实际的课外工作中，以使其成为完成该项目的一个重要内容。

美国的校企联合教育理事会认为，校企联合办学是一种特殊的教学方式，即把在校的所学与在校外的有计划的、有监督的、有报酬的工作相融合。

在国内，关于“校企”许多学者也有自己的看法，以下是关于“校企”的一些解读。

一些研究者从校企合作的角度来认识，主要是从合作对象、合作区域、开展层次的不同等方面进行了分析。学校与企业之间与地区、学科建设有着紧密的关联，与学校的办学模式、服务对象、教育理念、政策支持等有着紧密的关系。根据校企合作的形式和程度，将其划分为三个层次：第一，由学校和企业组成校企合作专家咨询小组，根据企业的需求来确定专业的设置，并组织学员到企业内进行实习；第二，由学校和企业组成联盟，建立理事会由学校提供咨询、培训等服务，企业提供设备和技术支持，共同形成一个多元化的人才培养模式；第三，学校与企业进行深入合作、紧密结合、相互渗透，通过校企两方的合力，建立起一个研发机构，培养企业和行业内所需要的技术人员，此研发机构针对企业发展和市场竞争的需要，建立科研和技术攻关方向，并且将研究成果及时高效地转化为企业的工艺技能、物化产品和管理决策，共同提高其总体效益。

一些研究者从学校与企业之间的合作目的、学校与企业各自的需求等几个角度来认识学校与企业之间的关系。例如，校企合作是指高职院校与有关企业或行业的相互协作，遵循互利、互惠、平等的基本理念，整合企业资源，形成优势互补，培养符合企业、行业和社会需要的应用型专业技术人员。又如，校企合作是由校企联合办学，以培养符合市场需求的专业技术人员为目标，将校企的人力成本和物力成本融为一体，通过课堂教学和学生的实际工作来培养符合企业需要的专业技术人员。

因此，本书认为，校企合作是指由校企双方共同努力，遵循平等、互惠原则，把自身的教育资源与环境有机地结合起来，通过学校的课堂授课与学员参与企业的工作实践来培养符合企业、行业、社会需要的应用型人才的培养模式。其根本含义是产学合作、双向参与，工学结合、顶岗实习是其实现的根本途径。

第二节　校企合作办学的理论基础

一、杜威的职业教育理论

杜威是一位杰出的哲学家和教育家，也是最具影响和代表意义的美国实用派理论人物。他的《民主主义与教育》一书中在“教育和专业”一章中，把美国的发展作为一个整体来审视。他相信有许多理由可以加强职教。

在他看来，国家里的每个人都应当具有“责任感”“道德理想”，能够发挥其才能，以履行自己的责任，并回馈于整个社会。他希望通过教育来改变这个国家的现状，特别是在职业上。

现代工业化给我国的经济带来了巨大的变革，同时也暴露出了一些传统的教育缺陷。杜威所说的“学校就是社会”，其实质是把学校与企业有机地联系在一起，以培养符合时代要求的人才。

杜威提出，学生的学业没有现成的、简单的、永久的、一蹴而就的办法，它要求学生不断地探索、尝试、试验。因而，它既可以使学生掌握生存和就业的技能，又可以使传统的教学方式发生转变，成为当今世界的一个重要组成部分。

杜威在美国传统的教学模式下，从一个崭新的角度探讨了高职教育。杜威指出，高职教育并不只是一个简单的工商管理与技术管理，而是要在培养人类直觉的基础上，学会各种技术与技能。高职院校应具备开展传授专业知识、专业技术与专业能力的一系列能力的资格。杜威的实用教育理念对后来美国高职院校的发展产生了深远的影响，为今后高职院校的校企合作打下了坚实的理论基础。

二、福斯特的“产学合作”理论

作为当今职业教育领域最有影响的学者福斯特，其《发展规划中的职业学校谬误》一书在教育学界享有盛誉。

他认为，高职毕业生在毕业后是否能够获得较好的工作和发展前景，是高职教育发展的关键。

高职教育在培养人才方面存在着一定的规模效应，但其自身存在着无法克服的缺点，需要进行变革，采取产学结合的方式，改革高职教育的教学模式，在高职院校开设工读交替的“三明治”式的专业，并尽可能地将实践课应用到企业内部，从而缩短职业学院与现实工作的差距。

福斯特的职业教育思想为世界银行所吸收，并在其后的世界范围内形成了一个重要的指导思想。

三、“教育与生产劳动相结合”原理

马克思把教育和生产劳动结合起来，有助于克服理论和生产之间的脱节，使受教育者的综合素质得到全面的提高，对社会的生产和社会的发展起到了推动作用。

“教育与生产劳动相结合”原则在校企合作中的具体应用，目前存在一些误区：一般高职院校在单一的教学条件下，对学生的培养注重知识、理论、实践、技能、书本知识的传授；对学生的测试也只是通过考试，缺少对学生的实际技能的测试，而且许多学校的专业水平都远远落后于社会的发展，这与当今社会对高技能人才的需求有很大的差距。在校企合作中，学校将根据公司的需求，对学生进行培训，使其既能掌握理论知识，又能掌握实际操作，实现教学和生产的有机统一。

第三节　高职院校开展校企合作办学的必要性和意义

一、高职院校开展校企合作办学的必要性

（一）高职院校的办学特点决定了其校企合作的必要性

1997 年，联合国教科文组织颁布了《国际教育标准分类法》，将高等职业学校划分为第 5 级 B 类。它的特殊性，不仅仅是因为它的本质，更是因为它在教育中所处的位置。高等职业学校的办学宗旨是培养具备专业技术和劳动能力的

专业技术人员。高等职业教育是伴随社会经济发展而产生和发展的，对促进区域经济发展、社会发展具有重大意义。例如，1862 年，为了适应美国南北战争后的经济发展，美国国会通过了《莫雷尔法案》，国会将土地分配给各州，各州应当将这类土地的出售或投资所得收入，在 5 年内建立至少一所“讲授与农业和机械工业有关的知识”的学院。这是美国高等教育史上的一次重要的改革，满足了美国发展的迫切需要，为美国提供了一批精通农业和机械工业的专业技术型人才。高职教育与经济社会的发展密切相关，不仅要培养经济社会发展的专业人才，而且要培养大量的应用型人才。

（二）高职院校实施校企合作是高职教育发展的必然选择

高职教育的目标要求高职院校必须培养理论知识扎实、实践能力充足、职业道德高尚的专业技术人员。这种能力和技术，光靠普通的专业学校是不可能做到的，学生可以通过书籍、课程和实验来进行学习，但难以在学校中熟练地掌握这种能力，因为学校环境和工作环境还是具有一定差别的。所以，高职院校就需要采取校企合作的方式，让企业参与到学校的教学和管理当中，让学生在学校中学习老师教授的理论知识，在企业的实训中锻炼自己的实践能力，从而能够更好地适应社会的需要，并在毕业后找到自己想要的工作。

（三）高职院校与企业要实现“双赢”，应采取校企合作的方式

高职教育与一般高等教育有很大的区别，它是以人才、市场为导向，以适应经济社会发展的需要而培养高级应用型、技术型人才。这就要求高等职业技术学院的人才培养既要适应市场和社会发展的要求，也要与学校的教育教学需求和人才的成长规律相适应。在激烈的市场竞争中，技术的发展和高素质的人才越来越成为公司的核心竞争力，而人才的素质又直接关系到公司的技术和产品的质量。随着企业和职业学校的深入合作，企业在培养目标、过程、质量等方面都有了更大的发言权，并充分发挥其优势，为企业提供更多符合需求的人才。另外，企业也可以借助学校的科技实力，让职业院校参与到技术创新中来，这样企业就能有更多的时间和机会进行市场研发，承接更多的项目，从而增加经济效益。从这一点来看，校企合作是一种双赢的局面。

二、高职院校开展校企合作办学的意义

（一）加强校企合作，为社会培养高技能人才提供便利

中国国际投资促进会于2020年9月7日在福建省厦门市举行了《中国吸收外资四十年（1979—2018）》一书的新闻发布会。该书对中国吸引外资40年的发展、外商投资40年的发展、全国外商投资企业的经营状况、全球跨国投资的新动向等做了较为详尽的介绍。自1992年以来，我国已经连续27年成为发展中国家中第一大吸收外资的国家，连续13年排名世界第二。2018年，吸收外资规模达到10.7%。到2018年年末，共有96.1万家外商直接投资，利用外资2.1万亿美元，外商在中国的投资领域也得到了进一步的扩大，并已经扩展到了东中西部的各个领域。

外资公司的引进，不但对国内的市场竞争、完善的市场体系、提高产业的发展水平起到了积极的作用，而且还引进了国外先进的管理理念、管理模式和国际法规，极大地推进了我国的经济体制改革，改变了我国的社会面貌，促进了经济社会的发展，同时对我国劳动力素质也提出了越来越高的要求。中国正致力于实现工业的现代化，中国对于高级技术工人的需求量将大幅增长，而就业需求的快速增长会造成就业不足。

另外，高技能人才短缺问题也是困扰着我国企业的一个重要问题。加工是制造业的一个关键环节，没有熟练的技术人员很难达到要求，因此企业急需高端技术人才，一些企业开出万元月薪却招不到高级技工，高级技工用工缺口越来越大。

高等职业技术学院具有办学优势、人才优势、专业优势和科学研究优势，企业具有产业、资源、市场等方面的优势，校企合作可以有效地发挥校企资源的优势，使资源得到有效的整合。

（二）加强高校与企业的协作，减轻高校毕业生的就业压力，促进社会和谐发展

高校毕业生在我国劳动力市场占有近一半的比重，其就业问题与社会稳定、社会主义和谐发展密切相关。在当前的劳动力市场中，企业是最大的购买者。而在当前的就业形势下，职业学校和企业之间的合作是推动职业教育发展的必然选

择。在校企合作以前，许多职业学校因为经费上的限制，造成实习环节受到了影响，许多学生的实践技能都非常欠缺，许多公司在招收毕业生之后，还要对他们进行长时间培训。实行校企合作，学生不仅是实习的身份，还要以公司正式雇员的身份按时、高质量地完成雇主交代的工作，要学习如何与公司的工作人员打交道，了解公司的运作方式，了解公司的文化，培养自己的敬业精神和团队协作的能力。这样既能提升工作能力，又能积累工作经验，而且毕业后还可以直接找工作，从学生迅速变成工人。

对于企业来说，通过校企合作，学生在实习期间可以获得公司所需的技能，毕业后可以直接满足公司的需求。

（三）校企合作，促进了校企资源的有效整合，实现了资源的合理分配

促进企业积极投身到学校的人才培养工作中来，深化教育改革。在校企合作以前，我国高职院校的人才培养模式多以职业院校为主体，很少顾及市场的需求，专业的设置远远落后于社会经济发展的需要。由于学校没有对学生进行针对性的培训，学生在毕业后难以进入公司，而公司也不认为学生的培养与公司有关，因此，许多企业认为学生到公司实习是公司的一种负担，不愿意让学生到公司实习。在校企合作之后，高校与企业成为一个利益共同体，企业在学校制订招生计划和学生录取过程中都要积极主动地参与；学校按实际情况制订招生计划和培养方案，而职业技术学院则通过校企合作逐步形成自己的特色，使高职毕业生可以直接进入公司。同时，教师还可以到企业实习，参加生产过程的操作、管理和设计，从而使教师的实际操作能力得到提升。

校企合作对培养“双师型”人才具有积极作用。近年来，随着市场需求的改变，高职院校师资与专业建设的矛盾日趋突出，而许多高职院校的专业设置却没有发生明显的改变，从而制约了高职院校的专业结构调整，从而影响高职院校的整体发展，影响办学效益。通过校企合作，高职院校的老师们可以和各行业的专家、技术人员、工程师进行接触和交流，并参加到企业的实际操作、管理和设计工作中，从而使他们的实际操作能力得到提升。此外，高职院校还可以从专业技术人员中聘请一些有实际工作经验的技术人员，在学生培训工作中发挥作用，促

进高职院校教学质量的提高。通过这种模式，可以使高职教师的结构层次和职业素养得到进一步的提升，从而逐步形成一支高质量、稳步发展的“双师型”师资队伍。

充分发挥企业的作用，为学生提供实习和实践的机会。高职院校的基本任务与总的目的决定了实习在高职教育中占有十分重要的地位，而一些实习与操作是不能在课堂上教授的，只能在实践中练习。当前我国高职教育的投资普遍偏低，仅凭学校自身的实力难以确保实习或实践基地。学校与企业的合作，使学生能够在企业的工作环境中进行实习，学校也可以在企业的扶持下，建立起校企合作的实习基地。

加强校企合作，促进高职技术学院的发展。现在国内的许多高职院校都没有什么突出的特点，许多高等职业院校都是盲目地开设专业，使得许多高职院校在实践方面还不如中职院校，理论和实践能力也远远落后于一般高校，许多职业院校在人才方面也存在严重的不足。而企业自身的设备、文化、师资、投资等诸多方面都是高等职业技术学院最需要的资源。通过校企合作，学校在设备、师资、人才、信息等方面与企业进行合作与交流，为学校的人才培养创造了有利的条件，并在此基础上建立了自己的特色，树立了自己的办学品牌。

在校企合作中，高职院校能够充分利用企业的资源，减少办学成本。以前的高校大多依靠国家的财政支持，而许多高校由于缺乏经费，发展受限。校企合作可以使企业、政府、学校等多个主体联合投资，参与学校的经营决策和管理，使其能够更好地适应市场需求。通过这种方式，可以有效地解决过去单一的政府投入资金短缺的问题，同时也能有效地促进社会资源的共享，减少学校的运营成本。

企业也能因校企合作而受益。在一个特殊的行业中，企业的竞争优势主要体现在环境条件、行业需求、公司发展战略、产业结构、行业竞争等方面。在校企合作以前，大多数公司通过人才市场、校园招聘会、个人面试等方式来招揽人才，在一定程度上，公司拥有选择人才的权利，而不具备参与人才培养的资格。很多公司都会广发招聘信息，联系很多的职业院校，通过大范围的招聘，挑选出最好的毕业生，但是很多企业的目标与学生学习内容相脱离，这就导致很多企业招聘的学生不能符合企业的需求，所以很多企业都会在学生进入工作岗位之后，继续对其进行培养，而且刚毕业的学生稳定性很差，这又会消耗很多的人力物力。在校企合作的过程中，企业可以参与到培养过程中，在培养目标、培养过程、培养质量等方面拥有一定的话语权，并采取“订单培养”“定向培养”的方式。培养的人才对于企业的产品性能、生产流程、实践过程都非常熟悉，可以节约大量的培训时间，快速地融入企业的文化，并且这些人才具备一定的理论基础，可以快速地成长起来，成为公司的中坚力量，更能适应公司的需要。此外，企业还可以借助高等职业技术学院的技术优势、技术资源，以及自身的经营管理经验，加速技术变革。

第二章 国内外职业院校校企合作办学模式的主要类型

第一节 国外校企合作职业教育办学模式的主要类型

当前，国际上高等职业技术学院校企合作的主要类形有三种：第一，由企业主导的校企合作模式，一是德国的“双元制”式，二是日本的“产学合作”式；第二，以美国的合作办学为代表的校企合作模式；第三，以澳大利亚 TAFE 为代表的以产业为主的校企合作模式。

一、德国的“双元制”

“双元制”，也就是所谓的“现代学徒制”，它是指把企业的实际操作技术和学校的理论知识相结合，从而培养出高素质的专门技术人员。学生在企业中接受职业技术训练，同时也要到职业学校学习理论和文化知识。“双元制”的学生有两种身份：一是在校的学生，二是公司的学徒。“双元制”中的一个组成部分是企业，是“双元制”的学生在校外的实训基地，另一个组成部分是为学生提供理论和一般文化知识的职业学校。以企业为主，学校为辅；以实践为主，理论为辅。

在“双元制”教育模式下，根据企业、学校的特点，实行教育内容的分工与协作。在实施过程中，企业按照培训法规和企业的特性制订培训方案，而高职院校则从企业的培训需要出发，并以深化培训的专业理论为核心。在这种模式下，学员在公司接受了大约 70% 的培训，在职业学校接受了大约 30% 的理论知识和一般文化的教育，即大约有三分之二的时间是在公司根据商业公会（或手工行业协会）的培训大纲进行的培训，大约有三分之一的时间是在学校接受理论和文化方面的学习。“双元制”的教学安排大致可以分成三种：一是结合型，即理论与实习相结合；二是“叠加”型，即理论教学与实习相结合；三是跨界教学，即理论与实习相结合。

“双元制”的考核、成绩的评定和颁发证书都是由各个行业协会来完成的，通过考核的学员将被授予国家认可的专业技术人员资格。“双元制”的首要任务是培养初级、中级技术工人，高级管理人才，使企业能够在竞争中获得更大的竞争优势。在《职业教育法》的规定下，行业协会还承担着对实习师资的认证、考试、证书的发放，培训合同的登记和仲裁等工作。

近年来，德国出现了一种除“双元制”外的另一种模式，也就是企业间的培训。学生除了每年的学习和职业训练外，还要定期到各大公司的培训机构进行集中培训，以加强企业的培训。

二、日本的“产学合作”

“产学合作”是日本企业和学校之间相互认可、相互合作的一种职业教育方式。该模式主要是由产业界与学校投资，产业界与职业学院之间进行人员交换，合作完成科研任务的形式。这种产学合作的模式有两种：一是工业界和高校之间的合作；二是企业和高校之间的合作。公司为学校提供奖学金，学生在毕业后可以在公司工作。一方面，校方可以直接利用企业的实训基地，减少校方在实训基地建设上的压力；另一方面，也可以让学员在实习中积累在公司的工作经验，提高自己的专业技能，提高人际交往水平。日本当前把高职作为日本职业教育发展的重心，以适应经济发展的需求。

日本高中“校企合作”的模式是以计时制高中、函授高中与企业之间的合作为主要内容。其主要包括：第一，计时制中学与技术训练组织的协作。学生的基本理论和专业课程均在固定时间制的中学进行，而专业课程和实习工作则在公司内部的职业培训机构进行。第二，计时制高中、函授高中、职业培训学校三阶段制。学生的专业课程在固定时间制的中学进行，一般的理论课在中学进行，其他的则在职业培训机构进行。第三，统一录取制度。这个方法是指企业内尚未完成中学学业的全体员工集体参加函授中学的培训，也可以让中学派出专门的老师到公司进行集中的培训。第四，巡回辅导。公司员工每周安排1—3人赴学校进修，或由学校中的专业教师前往企业或工厂进行实地辅导。第五，委托制度。公司让刚入职的初中毕业生去日本的全日制中学进修，由公司提供教学器材，由学校指定教师。

三、美国的“合作职业教育”

合作职业教育是美国职业学校与企业界合作，共同培育学生的职业教育。合作办学的主要特征是以学校为主，企业为辅。学生在职业学院中接受一般的职业教育，同时也在企业中练习实际操作技能。

职业学校通常成立一个由雇主代表担任的顾问或顾问委员会，作为学校与企业之间的纽带，职业学校根据学员的特长和爱好，选择合适的经营者，制订校企合作方案，并与之签署合作协议，公司可以根据自己的需求，提供适合自己的项目。在校企合作中，公司以提供劳动岗位、劳动报酬，组织管理人员指导学生适应工作岗位、保障学生安全作业、帮助学校教师判断学生所具备的技能；学校派遣教师到企业指导和监督学生的劳动，并就企业和企业之间的需求进行交流。其中，学生半数的时间在学校里学习基础理论和一般文化课，另有半数的时间是在公司里工作，同时也学习一些实用的技能。

四、澳大利亚的TAFE学院

TAFE是技术和技术教育的缩写。澳大利亚联邦教育部于20世纪70年代在技术和持续教育顾问委员会的建议下，对技术与教育进行了全面的界定，并将重点放在了职业教育上，与继续教育和职业教育相结合，成立了一种新型的TAFE学院，实施新型的职业教育模式。TAFE学院根据行业要求制订培训计划，以国家认可、各州认可的技能水平来组织学校的教学和训练。

TAFE拥有灵活的教学和训练机构，拥有专门的教室、实验室、实习室、操作模拟室。TAFE学院的许多培训项目都是在工地上进行的，重点在于实践技能的训练，让学生能够及时、安全、规范、高效地完成工作。TAFE学院与企业、行业有着密切的联系，为保证学院所开设的专业和教学内容与社会发展相适应，学院定期组织企业代表召开学术讨论会，听取企业的意见和建议，以进一步提高学校的教学质量。

TAFE的学员在公司里实习，公司会无条件地接纳他们。实习的要求也是很高的，学生不仅要接受专业的理论知识，还要经过专业的实践。学生每年都要到公司进行2—6个月的实习，可以一边工作一边学习。通常为一周四天的公司实习，一天在校学习。每一个专业的工作，都要经过严格的考核。学生毕业后，还要参加全国统一的考试，只有通过了全国统一的考试，才能获得相应的职业资格。因而，学生在毕业后，不但要具备较高的文化素质，还要具备一定的操作能力。70%以上的毕业生可以获得相应的就业机会。

第二节 国外校企合作模式的启示

一、校企合作的运行机制需要完善的保障措施

第一，健全的法制保证。以上4种模式的实施都有法律、政策、资金等方面的保障。《联邦职业教育法》《联邦职业教育促进法》和《手工业条例》是保证和管理德国职业教育的基础。

第二，保障机制。校企合作、产教结合，光靠法规是不行的，还要有相应的政策来规范、引导。自20世纪80年代起，德国职业教育面临着吸引力低、企业缺乏培训、课程更新缓慢等问题，德国政府于1997年颁布了《职业技术教育改革计划》，着重缩短职业培训法规的修订周期，鼓励企业积极开拓新的职业培训领域，并将其与普通教育等同，注重青年的就业能力和职业转换的适应性。

第三，财政支持。职业教育是一种耗资巨大的产业，无论在哪个国家，都需要一笔庞大的开支，而资金支持则是学校与企业之间的一种重要支持。在德国“双元制”中，企业的自愿参加和自费培训是一个很好的办法，而这种制度也为其他国家提供了一个很好的办法。

美国的高职教育在其发展的每一个阶段，都需要多渠道、多途径、充分的资金支持。在校企合作中，对技术突破、风险大、投资大的科研项目，可以由国家设立“风险基金”，也可以由政府和企业按一定比例进行投资。1917 年至 1918 年，美国联邦政府资助了 1700 万美元给职业教育，1921 年至 1922 年增至 420 万美元，到 1965 年，美国联邦政府为美国的职业教育提供了 2.25 亿美元的资金。

二、校企合作的生命力在于理论联系实际

教育和实务的融合是以上 3 种学校和企业合作办学的共同特征，其中澳大利亚的 TAFE 模式就是其中最好的例证。企业的专业经历与生产实践是培训内容中的一个重要环节，而这种与企业生产实践相结合的培训，可以确保学员在未来工作中的能力与现实需要相匹配。

学校和企业的联合办学，也反映了“教育和劳动相结合”的原则。长期以来，受种种原因影响，我国高校与企业之间的合作、理论联系实际的思想并未得到很好的贯彻和实施。国外校企合作的成功经验表明，校企合作是把理论和生产劳动有机地结合起来的一种行之有效的方法。

三、校企合作动机的主体是企业和学校的就业驱动

高职与普通高校最大的不同之处是，高职教育不仅要把知识传授给学生，还要注重专业能力、方法能力、社交能力的培养。一般的理论和基本知识都可以通过教授的方式去培训，而技能则需要通过实际操作来学习。在专业技能中，方法能力和社交能力的培养与企业之间的职业环境密切相关，而这些都是通过校企合作来实现的。

高职院校的毕业生应面向市场，其主要服务于企业（行业），而企业需要高素质、高技能的复合型人才。

就业是大学生选择职业学校的一个重要因素。校企合作，一方面可以让大学生在毕业前先进行实习培训，从而更好地实现直接就业；另一方面，校企合作使得高职院校在适应企业、适应市场需要的情况下，不断地进行专业结构的调整和课程的调整。

四、校企合作模式的选择要具体问题具体分析

由于各国国情、经济、文化、法律、制度等因素存在差异，校企合作的方式也各具特色。如新加坡“教学工厂”就是以新加坡为代表的“双元制”模式，借鉴了德国的“双元制”。因此，新加坡“教学工厂”是一种极具新加坡特色的校企合作模式，适应新加坡的经济发展。所以，在借鉴各国的发展模式时，应充分考虑各国经济发展、社会制度等因素的差异，并结合其他国家的成功经验，结合国家国情，建立自己的特色发展模式。

第三节　国内校企合作模式类型

在20世纪70年代后期，出现了校企合作、产教结合的模式，其中也有一些行业办中专、技校，但这种模式只能算企业办学校，还不能称为真正意义上的校企合作模式。20世纪90年代，国家职业教育工作会议曾多次强调，要在高职院校开展的“校企合作”“工学结合”“半工半读”等方面进行创新。在高职院校的不断探索中，校企合作模式初见成效，从目前的情况来看，可以将其划分为以下几种类型。

一、订单式培养模式

该模式是由学校按照公司订单数量、订单专业和其他特殊需求来安排学生的。具体的做法是由学校和企业共同制订培养方案，由企业按岗位需要与专业学校签订聘用协议，由公司和学校共同负责招生、培养、就业，学生在学校教学中学习理论、生产知识和技能，毕业后则在公司就业。这一模式使学校与用人单位更加紧密地联系在一起，在培养学生方面，学校与企业“零距离”，同时也使学校的人才培养更加科学化、针对性强，这是近年来政府大力倡导的一种校企合作方式。

校企合作办学有“工学交替”的“产学研合作”模式、“2+1”的产学合作模式、“1+1+1”的教学模式等多种形式的人才培养模式。“工学交替”的“产学研合作”模式，是把企业的工作需要与学校的专业建设相结合的一种新型的教学模式。学

生在学校里进行理论学习与企业的实际工作交替进行。在整个培训过程中，根据教学目标和培养目标的要求，学校多次组织学员到企业进行相关的生产实习或顶岗，使学生能够把所学到的技术知识运用到企业的技术岗位上，为企业培养技术人员提供培训，节约企业培养人才的时间，同时还能利用公司的先进设备，使学生对企业的技术和文化进行更好的了解，为毕业后的正式工作打下坚实的基础。该模式非常适用于具有较高理论技能和较长实训时间的专业。

“2+1”的产学合作模式是由校、企双方共同参与、分阶段进行的一种教学模式。学生一年的时间是在公司里进行实习，同时还要上一门专业的课程，在毕业前根据实际情况来选择毕业设计题，然后在学校和公司的指导下完成毕业设计。该模式的优势在于，毕业生毕业后的实习可以与就业工作直接联系，可以在公司中长期工作，因此，企业更倾向于采用这一模式，该模式为培养具有高实践性的技术人员提供了一条有效的途径。

“1+1+1”的教学模式主要是针对农村和偏远地区的中等专业学校进行的。在这一模式下，学生一年在乡村职业学院学习理论，一年后，再到城市职业学院进行职业技术培训，三年后，城市职业学院安排学生进行顶岗实习。

二、“职教集团”培养模式

该模式是高职院校与企业资源共享、优势互补、资源优化配置的一种新型模式。很多的高职院校和企业之间，都会建立起一个工业团体，或者是一个职业学校，他们可以将自己的教育资源集中起来，形成一个强大的联盟。

这种校企合作，使原本的竞争形式由单一的企业和学校向更大的团体进行了扩展。在产业集群以后，学校与企业之间的分工合作，不仅可以提升个人的生产能力，而且在办学层次、专业设置、人才培养模式、实习基地、教育资讯等方面，都要进行统筹，形成一种在非集群环境下无法实现的集体生产能力，产生合作效应。通过校企联合，可以更好地发挥资源、规避风险、提高竞争实力、不断适应变化的市场环境，从而形成强大的产业集群竞争力。

三、实习基地共建模式

这个模式是指校企合作，由学校提供场地、师资等相关的服务，由企业提供资金、设备、技术人才，学生可以是实习的学员，也可以是企业的雇员。

实训基地以“股份制”为主，以“产权清晰，权责分明，政企分开，管理科学”为现代公司管理体制，并建立“由董事会领导下的校长负责制”的实训基地。实训基地是一个独立的体系，是一个相对独立的组织。在此基础上，学校为学生提供了实习、教师参与技术研究等机会，同时也为企业提供了厂房、技术和技术人员等方面的支持。

四、企业“冠名班”培养模式

该模式是指企业通过在高职院校设立奖学金制度、为学生支付学费等形式，参与到高职教育中。当前“冠名班”的培养方式主要有“定向扶贫”、1—2 年“冠名班”等。

“定向扶贫”课程的招生目标是乡村地区的学生，城镇低收入家庭、贫困家庭的孩子。具体的办法是，由学校和企业共同举办定向扶贫项目，并设立奖学金，由公司全程参与制定、设置、执行。这样的模式培养目标明确，学生所学的技术也能满足公司的需求，毕业后可以被优先聘用。1—2 年“冠名班”是指学生在校内学习了 1—2 年后，企业会到学校内进行招聘，对企业有兴趣的学生可以前去面试，学生通过企业面试后，企业会根据学生的学习情况，为学生制订培训计划。

五、三方校企合作模式

三方校企合作模式的三方指的是企业、学校和教育培训机构。教育培训机构通常是一种由企业和社会组织组成的训练组织，它是连接高校和企业的纽带。学校承担了具体的教学方案、教学和学生的行政工作，教育培训机构为学校引进企业的认证项目，并对有关的认证项目的老师进行培训，为该项目的老师颁发证书。对优等生实行优先选择，实行直接就业。

校企结合的办学形式，使大学生的专业技术和就业水平得到了加强，毕业生的就业率得到了提高。

第四节 国内校企合作模式的特点

一、政府的宏观指导和统筹是校企合作发展的基础

2021 年，中共中央办公厅、国务院办公厅印发的《关于推动现代职业教育高质量发展的意见》（以下简称《意见》）表明，要坚持完善产教融合办学体制、创新校企合作办学机制。《意见》指出：

（十）丰富职业学校办学形态。职业学校要积极与优质企业开展双边多边技术协作，共建技术技能创新平台、专业化技术转移机构和大学科技园、科技企业孵化器、众创空间，服务地方中小微企业技术升级和产品研发。推动职业学校在企业设立实习实训基地、企业在职业学校建设培养培训基地。推动校企共建共管产业学院、企业学院，延伸职业学校办学空间。

（十一）拓展校企合作形式内容。职业学校要主动吸纳行业龙头企业深度参与职业教育专业规划、课程设置、教材开发、教学设计、教学实施，合作共建新专业、开发新课程、开展订单培养。鼓励行业龙头企业主导建立全国性、行业性职教集团，推进实体化运作。探索中国特色学徒制，大力培养技术技能人才。支持企业接收学生实习实训，引导企业按岗位总量的一定比例设立学徒岗位。严禁向学生违规收取实习实训费用。

（十二）优化校企合作政策环境。各地要把促进企业参与校企合作、培养技术技能人才作为产业发展规划、产业激励政策、乡村振兴规划制定的重要内容，对产教融合型企业给予“金融＋财政＋土地＋信用”组合式激励，按规定落实相关税费政策。工业和信息化部门要把企业参与校企合作的情况，作为各类示范企业评选的重要参考。教育、人力资源社会保障部门要把校企合作成效作为评价职业学校办学质量的重要内容。国有资产监督管理机构要支持企业参与和举办职业教育。鼓励金融机构依法依规为校企合作提供相关信贷和融资支持。积极探索职业学校实习生参加工伤保险办法。加快发展职业学校学生实习实训责任保险和人身意外伤害保险，鼓励保险公司对现代学徒制、企业新型学徒制保险专门确定费率。职业学校通过校企合作、技术服

务、社会培训、自办企业等所得收入，可按一定比例作为绩效工资来源。

二、校企合作办学的关键是鼓励企业积极参与校企合作

鼓励企业以多种形式参加学校和企业之间的交流，比如企业在高职院校设立厂房，企业以股份入股高职院校、企业自主经营高职院校、企业与高职院校合作成立“教职集团”。学校和企业之间的合作会得到一定的政策、税收和财政上的支持，使校企合作成为高职院校教育的“主人翁”。

公立高职学院通过吸收外商投资、参股等方式，逐步建立起以公有制为主、产权明晰、多种所有制并存的新型职业教育办学体系，推动公办职业院校与企业一体化办学，形成前校后厂、校企合一的办学实体。鼓励企业投资建设高职教育机构和职业教育机构，各级教育、经贸、劳动和社会保障等方面要加大对校企合作的引导力度，对校企合作优先发展、优先审批、优先扶持。

三、建立健全的校企合作运作体系，是促进校企关系健康发展的重要保证

学校要遵循就业导向、服务导向、学生为主体、能力为导向的办学理念，与各单位签署合作办学协议。在此基础上，学校与企业之间的关系可以通过签署合同、制定一套相应的配套机制来实现。

建立校企关系的根本思想是：以产业为基础，相互促进、高效运转，保证人才素质。校企合作的运作模式应该包含：组织机构、合作方式、协议内容、过程管理等方面；高校和企业实行实习管理和聘用机制；建立一种由学校老师和企业员工相互沟通、相互参加的系统；实行校企共建共享的经营体制、校企合作机制；等等。

不同的企业拥有不同的经营体制，学校与企业之间的运作体制应该由学校与企业共同商讨、共同进行。在这过程中，也会有一个持续的改进过程，一旦这个体系成形，就需要有关部门将其运用到校企合作模式之中。

第三章　职业院校混合所有制产业学院办学模式优化路径

第一节　混合所有制高职院校协同治理的意蕴诠释

一、核心概念界定

（一）混合所有权

党的十八届三中全会决议《中共中央关于全面深化改革若干重大问题的决定》明确指出，今后中国特色社会主义市场经济要走“以国有、集体、非公有”的交叉持股和融合的路子，这是我国社会主义市场经济体制发展的主要形式。党的十九大报告明确指出，要进一步推进国企的体制改革，把发展的重心放在发展混合所有制上，建设具有世界竞争能力的跨国集团。这是我国提出的“国企深化”的重大指导方针，以发展“混合经营”为路径，以培养具有世界竞争力的跨国公司为终极目的。从经济学的角度看，“混合所有制”是一个很重要的专业名词，它是一种新的、由国家和其他所有制经济融合而形成的新型的经济结构，它可以让非国家资本参与，也可以让公司职工入股，从而实现所有者和劳动者的利益共享。

本书通过对混合所有制理论的梳理，得出了“混合经济”的概念，学术界认为“混合经济”概念可以和混合所有制的概念相提并论。从总体上看，对“混合经济”存在着“宏观层次论”“微观层次论”“两层次论”和“多层次论”四种不同的观点。“宏观层次论”是指公共与私人共存的基础经济体系理论。“微观层次论”即在公司的资产与资金组成中，既包含公共资金，也包含私人资金和外国资金。“两层次论”是将“微观层次论”和“宏观层次论”结合起来的理论。虽然现在的社会各阶层都有所有权，但这并不代表它们之间没有任何联系，而是一种“品牌”的混合，是在公司层面上各种产权主体之间的混杂。“多层次论”是以“两层次论”为基点，再加上管理方法等方面的整合。

考虑到我国在经济学中存在的问题，本书将混合经济定为“宏观层面”，也就是允许政府、企业、行业、社会力量等多种要素按照不同的利益主体进行不同的划分，在职业学院中渗透不同类型的知识、技术、资源、管理等，打破以往学校关起门来办教育的模式，混合各方主体和各种要素参与高职教育发展。

在混合经营的运作方式上，按照产权的不同，可以通过持股比例、约束章程、经营方式、准入许可等方式来决定主体的所有权。当前，我国的经营方式主要分为三个层次：一是将私人资金引进到国有企业，这是当前最普遍的一种经济方式，即以国有控股和私人资金相结合的方式；二是私营企业与国有企业的合作，许多民间融资企业也采用了这一方式，以提高企业的社会信誉；三是各种经济要素相互融合，比如国有经济、民营经济、集体经济、各种外商投资，都可以作为重要股东，在新兴行业中，可以发挥机制的优势。概括起来，这三种类型是当前中国所有制经营的主要形式（详见表 3-1）。

表 3-1 混合所有制经济运行模式分类表

类型	特征	案例
“民混国”模式	国有经济引入民营经济，国有经济仍占据控股地位，民营经济以资产入股等方式持有相应股份，以电力、石油、证券市场上的成熟国有企业为代表	中国银河证券股份有限公司、长城证券股份有限公司等
“国混民”模式	民营经济引入国有经济，通过国有经济的所有权参与、管理权参与，改变民营经济纯粹“民有民营”的经营方式，如一些民间金融机构引入国有经济以增强机构的社会信用	中国电子信息产业集团有限公司投资入股盛科网络（苏州）有限公司、深圳市远致创业投资有限公司（深圳市国资委资本运作的专业平台公司）入股深圳市捷顺科技实业股份有限公司等

续表

类型	特征	案例
多种经济成分融合共生模式	国有经济、民营经济、集体经济，还有各类外资等，都可以根据不同持股比例来发挥主要发起人作用，多见于新兴领域，以实现机构优势的充分发挥	中国福能集团与福建省海峡医疗投资集团有限公司联合创立福能·海峡口腔医院、浙江太和航运有限公司与国家海洋局第二海洋研究所共建海洋科学综合考察船等

（二）高等职业教育学院的混合办学

《国务院关于加快发展现代职业教育的决定》从我国的经济体制改革实践出发，提出了各种办学形式，其中包括独资、合资、合作等多种形式，鼓励各种办学形式的发展；通过对资本、知识、技术、管理要素的综合分析，确定了企业在各所有制发展的过程中应该有正当的权利。国家教育部等 6 个部门制定了《现代职业教育体系建设规划（2014—2020 年）》，在实施混合所有制的过程中，按照改革的思路，为已经丧失了生机的公办高职学院提供了新的动力，从而推动了民办混合所有制高职学院的发展。《国家职业教育改革实施方案》在 2019 年年初出台，明确了要把各种办学力量统一起来，大力发展多种职业教育和培训，并对股份制、混合所有制等进行扶持，把高职院校和各种职业培训组织整合起来，形成多种办学形式。

我国企业将混合所有制引入教育中，并非简单地对其进行照搬，它具有特定的限制和外部环境。在职业教育的混合所有制中，“混合”是有限度的，它的基本性质是“学校所有权”，所谓的“混合型高等职业学校”，就是一种由公有和非公有两种类型的办学主体相结合，以一种新的组织形式，将国有资本、集体资本和非公有资本等多种资本，组成一种新型职业学院。

从当前我国高等职业学校的混合所有制现状来分析，混合所有制是我国高等职业学校发展的一个最为主要的外部条件，这是根据学院的自身特点、类型和实现途径等共同决定的，因此，从不同的角度对混合所有制进行分析，所得出的结果也会有所不同。但毋庸置疑的是，我国职业学校在我国的教育发展中，具有较强的社会认同，其基础表现为：“深层融合”“局部融合”。第一类是高职院校资金引入的 3 种类型：在公立高等职业学校引入社会资金；引入国有资金进入民办职业学校；建立新型职业技术学院的多元资金。第二类是以多种入股为主要特征的二级学院：共建专业、共建课程、共建实践基地等多种类型；PPP，它是一种将政府行政力量和市场组织结合起来的体制，将非政府组织和个人都纳入政府的体系中，政府提供场地和人力资源，政府出资，并通过收费来获取资金；委托经营，即通过优秀的高校办学机构，对普通高校进行托管。

从总体上看，深层混合模型实现了公有资本和社会资本的更深入的整合，高等职业学校的股权结构发生了显著的控制转换，而一些又换回团体组成的组织，则是以公司的名义进行深入的整合，不符合条件的企业，则是选择与学校进行深度合作。实际上，深层混合模型在实际生活中运用得很少。一些国有企业的国有资产和社会资金只在某一层次上相互结合，高等职业学校的产权构成上却没有明显的变动，在现实中企业更趋向与进行这种类型的结合。

所谓“混合企业”和“高职院校”，就是指以股份制企业、私营企业或外资企业等为单位或个人，通过资本、知识、技术、管理、设备等方式，将各种资源和设备投入职业学校中，从而对其财产权的构成产生直接的冲击。可以说这是一场革命，是从一个单独的经营主体到多个不同经营主体的转变，从一个单一的企业到一个多元化企业的转变，它可以对一个企业进行决策、评估和管理，有利于一个新的经营机构的发展，对于一个新的企业管理机构来说，它可以很好地提升其管理能力和建设能力。另外，我国职业教育在中长期“混合”的实践探索过程中处于利益、权力、权利、风险等交错的过程，其博弈和平衡的实现呈现出螺旋上升、相互重叠的态势。

本书中提到的混合职业学校既包含多种所有制的职业学院，也包含高校内部的一些专门学院或次级学院，在推动发展的过程中，主要是以公、私两种方式进行，并不包括职业培训学院、职业生涯教育机构等。

二、混合所有制高职院校办学模式的相关要素

（一）混合所有制高职院校办学模式的发展过程

从国家层面看，是从计划经济向市场经济转型；从发展路径看，是以信息

化推动工业化发展，到以新型工业化为主的过程；从人才的培养看，高等职业教育是从“大众”到“精英”的转变。随着我国经济和社会的发展，高职院校也有了快速发展。但是，我国高职发展中始终面临着一些问题，即“规模大而不强，产教结合不深，人才培养数量虽多，但素质不高”，其根本原因还是“体制不畅通”。

《国务院关于加快发展现代职业教育的决定》提出了以“混合所有制”为代表的“经济型”职业教育，以“混合所有制”理念为基础的高等职业教育，该理念在高职“教科”领域取得了重大的突破和提升。目前，我国很多高等专科学校都在进行着“混合办学”的探索，希望以此为突破口，打破学校的办学体制和机制，充分调动社会资源和利用社会力量，进一步激发办学活力、提高育人质量、提升办学水平。从我国高职教育的发展历程来看，高职教育的发展可以分为三个时期：第一个时期是1979—2000年的浅度校企联合；第二个时期是在2000—2014年，引入了大量的社会资金；第三个时期是从2014年到现在，实行的是混合所有制教育。

1. 高校与企业的浅层合作教育

中共十一届三中全会之后，中国的教育也因此步入了一个新的发展时期。中国高等职业技术学院从1979年到2000年，逐步从多元化发展到了一体化。2000年后，有些高职学院已经意识到了校企的关系，渐渐重视起了与公司的联系，重视起了学生的实际操作。这一阶段是学校和企业之间的初步合作，主要还是学校内部的教育教学，学生在即将毕业的时候，才能进行“实习”。校方要根据自身的实际情况，寻找到合适的公司，为学员安排实习工作。有的职业学校还要求学员自行寻找工作场所，但有的工作岗位与学员不匹配，在实习中学校与企业没有形成良好的联系。从公司的观点来考虑，他们对职业技术学院的实习并不是很热衷，因为他们不想把精力花在实习生身上。即使有了实习机构，也不会将学生安排到合适的岗位上，造成了学生毕业后要重新训练的问题，从而极大地影响了他们的教育水平，限制了他们的职业发展，增加了他们的求职时间。在这个阶段，学校和企业的合作与混合所有制的发展还处于起步阶段，处于基础和雏形，并未形成一种深度的校企合作和混合所有制，仅是拉开了高职教育的序幕。

2. 引入学校的社会资金

海南省第一所具有自主知识产权的高职学院于2000年正式建立。其中，海南教育厅、海南广播电视大学、罗牛山集团（原海口农业和工业贸易公司），这三者是高职学院开展教育的主要管理成员。海南高职教育从成立之初就建立了以股份制为主的办学模式，建立了由学校党委、学校校长牵头的经营运行机制，这是吸引社会资金进入学校的先河。进入21世纪，伴随着《中华人民共和国职业教育法》和《教育部关于全面提高高等职业教育教学质量的若干意见》的相继发布，我国教育体制进一步深化，制造业、服务业兴起，社会经济总体呈现高速发展趋势，对各类人才的需求水平不断提升，特别是技术型、服务型、管理型、技能型人才更是需求的重点，社会的发展为上述人才的教育培养奠定了良好的市场需求环境。

与此同时，我国也在大力推进教学体制的变革，以创建全国示范职业技术学院为契机，努力实现职业技术创新。为进一步提升学校的教学品质，高职院校通过引进企业资金、师资、设备、实习基地等手段，加强企业的技术技能培训，使学校在企业中所学到的专业技术和技能与应用相融合，使学校与企业在设施、设备、师资、技术等方面实现资源互补、优势互补，实现高职院校与企业的互惠。

高等职业技术学院在自身的发展中，应从经济发展和企业的实际需要出发，对自身进行调整和完善，以适应时代发展的要求，为国家培养合格的专门人才，积极推进学校的课程改革，树立学校的特色品牌，提高学校的办学能力和教学水平。有些公司捐赠助学资金、捐赠教学设施等，为职业技术人员的就业创造了有利的实习环境。这一时期是对上一时期浅层校企合作的进一步深入，学校通过校企联合办学，吸引了大量的企业和社会资金，拉开了吸收社会资本参与办学的序幕，为下一步实施混合所有制办学探索路径、打牢基础。

然而，目前我国高校的发展还面临着以下问题：第一，高校与高校之间的协作不够活跃，职业学校处于主动、企业处于消极的状态，缺少内部的协作机制；第二，学分的相互承认比较困难，大部分的教育方案都是以高职院校为主导，而高职教育与企业的工作需要之间的差距依然很大；第三，当前我国高等职业技术学院进一步深化改革的举措还不健全，制订的培训方案和课程设置与公司对技术人员的要求还有很大的距离，无法适应企业的现实需要。

3. 提倡实行混合所有制教育

伴随着社会、经济的发展，再加上高职院校发展的要求，进一步加强产教融合、校企合作，走向了历史的新阶段，并逐步形成了一种新的发展趋势。2014年6月23日到24日的中央职教工作座谈会上的重要指示，指出了高职教育对我国的社会、经济发展具有重大的现实影响，高职教育要立足社会发展和经济发展，加强人才培养工作，坚持教育和就业的有机融合，加快自身的创新改革，以校企合作、产教融合为抓手，促进课程与教学模式改革，不断提升专业人才的教育培养水平，打造具有中国特点的职业教育机构，全面适应社会发展的人才需求。

这一论述对高职院校改革发展具有重要的理论和现实意义。2019年2月26日的全国人大常委会上，着重阐述了当前高职院校的办学体制在我国的办学体制中的作用，并指出，单纯以政府为主的办学体制存在着与社会发展不匹配的问题，需要加速高职教育的发展，高职教育的创新发展要跟上社会步伐，着重发展现代职业教育，必须依靠政府、市场和社会三方面的力量。

（二）混合所有制高职院校办学模式的混合方式

《国务院关于加快发展现代职业教育的决定》中作出了国家对促进民办高职教育改革发展的具体规定：要积极推动教学模式的创新发展，为各类办学主体的办学工作创造良好的环境，探索形式丰富的办学模式，不断完善我国高等职业教育体制，从法律、政策等层面出发保障高等职业院校办学主体的合法权益。教育部在《高等职业教育创新发展行动计划（2015—2018年）》中，明确了高职教育今后的发展方向，提出要为促进社会力量的全面投入营造良好的发展条件，充分利用社会力量在资本、技术、知识及管理方面的优势，积极参与高等职业教育改革工作，丰富办学模式，提高教学质量。在试点方面，可以采取政府购买、委托管理等方式，弥补公立学校资源短缺的问题，促进民办学校与民间资金的资源整合，为高等职业教育的发展提供更为充分的教学资源，以校企合作为主要创新形式，积极提升高职院校建设水平。

《国务院办公厅关于深化产教融合的若干意见》，进一步强化了学校建设的权力，促进了社会力量参与职业技术教育，在条件充分的地区探索社会力量与公办教育合作发展的新模式，不断提升高职教育的整体发展水平。随着一系列政策文件的出台，国内部分职业技术学院也开始积极探索，并根据自身的实际情况进行了试点，在一定程度上起到了积极的作用。根据各省、自治区、直辖市每年一次的工作汇报显示，近20个省、自治区、直辖市的政府文件都明确地指出，要积极探讨混合所有制职业学院的发展模式，并建立了一些试验项目，为高职学院的科学创新积累经验，提升了高职学院的办学水平和人才培养能力（详见表3-2）。

表3-2　混合所有制高职院校分类表

层次	分类	举例	资本表现形式	实现形式
深层混合（大混合）	公办民助	齐齐哈尔理工学院	资金；知识；技术	合作制；股份制；股份合作制；中外合资；联合体
	民营公助	南通理工学院	管理；人力资源	
	混合新建	海南职业技术学院、苏州工业园区职业技术学院	设备设施；土地	
部分混合（小混合）	二级单位混合	重庆青年职业技术学院		
	PPP 模式	杭州职业技术学院		
	委托管理	聊城职业技术学院		

1. 深层混合

深层混合是指高等职业学校在“混合”层次上的“高位”，也就是将全校作为混合领域，涵盖范围广、融合力度大、混合特征明显。所谓“混业”，就是指各种资本的结合，发挥国有资本、集体资本、私人资本甚至外资的优点，以国有资本为主体，通过合资的方式，在企业组织层次上，使各类型资本能够得到有机结合。从上述角度来看，“深层混合”的主要特点是：国企与其他资金的混搭，使高等职业院校的创新发展能够得到最大程度的支持。

（1）公办民助

以改革、创新的发展思想为指引，公立职业技术学院在推动自主创新的同时，也应积极吸收社会资本的知识、管理、技术、资源等优势，不断提升高职院校的办学水平和创新发展能力。它以公有制为主、私有经济共处的形式，展现出的优势和劣势也很明显。尽管这种混合所有制模式会给高等职业学校的传统教育体制带来一些冲击，但它不会改变学校的办学特色，仍然以政府的财政拨款为主，而且不会改变职业学校的办学方向。通过引入优质的资源，可以有效地提高公立高等职业学校的发展水平，通过与学校的财产权的合理调配，实现学校的“混合”办学。

一是将公立高等专科学校合并为股份制高等专科学校。《高等职业教育创新发展行动计划（2015—2018 年）》提出，在弥补公立高职资源不足的情况下，可以为现有资源不足、办学能力较差的公立高职学院提供一条出路，就是借鉴我国国企改制的经验，以当地政府为主导力量，在对公立高职学院自有资产进行清查和清算的基础上，对其自有资源重新进行配置，由学校的管理者、教职工等主体出资购买相应股权，实现双方利益共享，从而改善高职院校自主办学权，提升创新发展能力并提高办学水平。以苏州科技大学为例，在这所高等职业学校的发展中，它的管理体制也在发生着变化与调整，逐步从原来的行政管理机构向混合型的高职院校转型，其出资主体主要包括政府职能部门、学校管理团队、民间企业等。值得注意的是，学校体制的变革不会使职业学校公立化，也不会像有些人所说的那样，将学校的财产低价出售。“改制”的真实含义和目标是：所有权与管理权相分离，充分利用专业化管理的优势，在不变更所有制的基础上，使企业经营模式得到不断创新和发展，进而积极、高效地提高职业学校的办学质量和管理水平。

二是公立职业学校对弱势私立职业学校进行兼并。“办学动力不强”的私立职业学校，存在着经营不善、办学困难、生源短缺等诸多问题，存在着“生存危机”。在此背景下，有关政府部门可以以资产清查的方式确定私立职业院校的资源状况，然后再让邻近的高等职业院校接手，以合资经营的形式参加院校管理。

（2）民营公助

民营高等职业技术学院在管理上具有明显的优越性，其灵活的管理思想可以为其提供较好的发展条件，同时也可以对我国的国有资金产生一定的吸引力，为我国高校的发展提供了一个有利的条件。其主要优点是具有明确的财产权和相对弹性的学校体制，使其更好地利用自身优势来激发积极性。同时，我国高等职业技术学院还面临着许多问题：办学性质不太明确、筹资途径不畅通、资金来源不够合理、不利于企业资产的安全和持续发展。同时，民营高等职业学校也会因为股权比例降低而失去管理和决策的权力，从而损害自己的合法利益。另外，由于缺少一个良好的管理体制和保障体系，使得企业对职业教育的投入具有一定的不确定性和危险性。私人资助有两种主要的混合方式。

一是对民营高等专科学校进行国有资金的投资。通过双方的协调，由当地政府或教育主管机关向辖区内具有突出贡献、基础较好，具有良好发展前景的特色、优秀的私立高等职业学校，提供国有资金支持，并使之拥有一定的股权、管理权、决策权等。当前，国家对于民办职业技术学院的扶持力度比较小，生均拨款、财政补贴、专项扶持等方面都不如公立职业学校，再加上生源紧缺、职业学校数量众多，因此存在着激烈的市场竞争。随着我国政府对私立学校的关注，政府制定了一系列的奖励措施，以促进民间资本参与职业技术培训，为民营职业学校的发展提供了良好的条件，并积极探讨了适应我国职业技术学院发展的新途径。比如紫琅高职高专，经过改革发展，从原来的私立向混合所有制转型，与江苏贸易发展投资公司签订了协议，从高职高专改为南通技术专科学校，其发展的整体实力得到了很大的提高。

二是民办职业学校对公立职业学校的管理。当前，我国大多数省份的职业学校生源已逐渐减少，一些公立职业学校因为不适应经济发展而产生了招生困难、资源短缺等一系列问题，对职业技术学院的健康发展造成了很大的阻碍。针对以上问题，国家有关部门正大力改革公立职业学校制度，适时开展对其财产的清查，将其全部财产以股权方式向所在地区的优质私立高等职业学校进行转移，形成一所混合性质的职业学院。改革后，民办职业学校将成立一个经营队伍，对公立职业学校进行经营，并建立相应的行政管理体系，以进一步激发学校的活力、提高学校的效益、改善学校的教学质量、维护国家财产的保值增值。

（3）混合新建

改变公立学校的单一性质，建立公办、社会资本甚至是外商投资的混合型高等职业学校，以充分利用各种主体的资源，提高学校的办学水平。学校的性质是按照各方的出资比率来确定的。这种混合式运营模式的优点是可以从整体上提高学校的灵活性，针对市场需要和市场的变动，形成一种新型的治理架构，使各方面的积极性和能动性得到最大程度的激发，并允许不同的主体通过多种方式参与其中，按照其持股比例共担风险、共享收益。其中分为三种基本的混合教育方式。

一是政府与高职院校、行业与企业的联合经营。由于当地的经济、社会发展对人才的需求量越来越大，部分还没有专门的职业技术学院的地区，需要在自己的管辖区域新建一两所职业技术学院，为当地的工业发展提供专业技术支持。其基本实践是政府所属国企按照当地工业发展需要的人力资源，出资征地、建好房屋和学校及其周围的配套设施，吸纳优秀的高职教育资源和企业参与高职院校建设管理工作，允许不同主体以自身优势资源参股，实现知识、资金、技术等资源的科学整合，使得地方政府、高职院校和行业企业三方充分发挥各自的优势，迅速聚集各类优势资源来发展混合所有制高职院校，从而实现多方共赢。如苏州工业园区职业技术学院是全国重点建设的重点专科学校，它是苏州工业园区管委会、苏州市教育局、苏州市劳动保障局、中新苏州工业园区开发集团股份有限公司等共同建设的。

二是地方本科、高职、行业和企业的混编。目前，在我国高等教育的分级发展进程中，部分普通本科院校已开始积极回应政府的要求，积极寻求转变为应用性大学。因此，部分本科院校与高职院校、行业企业开展了联合办学，其基本的实践方法是：立足当地经济发展对科技人才的需要，组建一个新型的混合所有制学校，发挥本科院校、高职院校、行业组织、企业等主体的资源优势，打造更加科学的教学体系和办学模式。突出高职院校理论教学、实践教学、社会实践教学等优势，为高职院校的人才培养提供了一个全方位的人才培养平台，进一步提高了高职院校的知识水平、技能水平与综合素质，更好地满足了社会发展对高素质、专业性技术人才的需求，从而打通了高职院校与工作岗位的供求渠道，在全面提升高职院校教学水平的同时为高职院校学生的发展铺平了道路。

三是高职院校和国外的专业学校实行混编。在高等职业教育改革中，实行开放式管理是高等职业教育改革的一项重大措施。以此为导向，高等职业技术学院应抓住发展契机，充分运用国家的方针，主动投身于“一带一路”倡议，一方面通过“请进来”的方式，吸引高等职业技术人才到中国，以资本、技术和管理等要素进行合作，对国内外高等职业教育的先进技术、教学手段、教育理念和教学模式的研究，为我国的企业提供更多的国际视野；另一方面通过“走出去”的方式与海外联合办学，使我国高等职业技术学院的整体素质得到提高，同时加速高校的国际化步伐。比如，泸州职业技术学院与德累斯顿工业大学进行联合办学，在泸州建立了一所国际性的学校；天津渤海职业技术学院和浙江亚龙集团在泰国大城技术学院成立了“鲁班工坊”，这也是天津渤海职业技术学院、浙江亚龙集团和泰国大城技术学院联合创办职业学校的一个成功案例。

2. 部分混合

由于我国高校实行混合办学模式存在政策与法规壁垒、资源投入过多、主体难以协同、改革风险过大等问题，许多高等职业学校在进行这方面的探索时，首先是从小处着手、从细处着手，进行了一些混合的尝试，从而形成了以二级单位混合、PPP 模式、委托管理为代表的混合职业学校。“部分混合”和“深层混合”是不同的，它没有从高校层次上进行全方位的合作，而是以合作项目的方式，以第二类学院的方式，在高等职业教育机构中建立合作项目。

（1）二级单位混合

不管是国企还是私企，建立第二部门（公司），都是最常见、最容易实施、最易于管理的一种经营模式，也就是“混合”经营。就我国当前实行混合所有制的大部分高等职业学校而言，基本上都是以第二行业（公司）学院为主体的“混合”模式。比如，江西省投资 2000 万元，设立了 4 家省级混合所有制的学校；福建省则扶持民办学校。行动计划强调了“二级单位混合”的重要作用，并通过激励和引导社会各界共同努力，不断充实和完善职业技术学院的内涵，积极提高职业技术学院的整体办学水平和发展水平。例如，杭州职业技术学院与达利公司、友嘉公司等 7 个拥有混合所有制的二级单位混合，建立了如达利女装学院、友嘉智能制造学院等学院；沈阳职业技术学院引进社会资金 6000 万元，建设全国示范大学；等等。

（2）PPP 模式

PPP 模式是我国目前较为成熟的一种新型的商业模式。此模式一般是以土地和师资为目标，公司通过收取学费来获得自己的投资回报。英国在 19 世纪就开始实行 PPP 模式，这是一种在国内被称为“政府—社会资本”的模式，是指在国家和民间的基础上，通过合理的合同和制度安排，共同为公众提供公共服务。与传统的政府投资相比，PPP 模式具有更好的监督机制、更低的运营成本和更高的运营效率。PPP 模式在具体实现方式上，衍生出了建设—运行—移交（BOT）、设计—建设—财务—营运（DBFO）、建设—移交—运行（BTO）、设计—建设—运行—维护（DBOM）、建设—拥有—运营—移交（BOOT）、操作—维护（（O&M）等模式。PPP 模式作为一项重要的公共管理理念，目前已被引进到了政府管理的范畴，它的出现是一种新的发展趋势和变革趋势。在我国高等专科学校的管理运作中，“Public”是国家资金的象征，而“Private”则是私有的，这是一种以政府为主体，最大限度地利用中职教育和高职教育的资源来实现政府与私营部门的合作。

（3）委托管理

为了发挥社会资本的管理和运营优势，对现有的存量资源进行有序的盘活，“可以按照工程的性质和条件，采取科学、合理的方式进行合作，使社会资本和政府资本的利益得到最大的平衡，为企业的管理提供坚实的保障”。从理论上讲，这种委托经营可以看作 PPP 模式的一种特殊形式，通常是由优秀的学校提供的服务机构来托管普通学校，但是在“伙伴关系”中，受托人占有完全支配的经营地位，委托人和受托人根据合同规定各自经营。在法学上，委托管理是对职业技术人才培养的一种扩展，在职业技术教育中，其内涵可以被解读为：政府和专业投资管理组织为主要成员，为职业学校采购和提供相应的业务支持。比如，洛阳市伊川县与上海天坤国际教育集团于 2017 年签订了协议，伊川县市政府将其作为 TOT 项目，以 PPP 的形式，由天坤国际教育集团来进行经营。

三、混合所有制高职院校协同治理的内涵特征

管理能否协调已成为我国高等职业学校管理体制改革的一个关键指标。如何在高校内部实行“合作管理”，是我国高等职业教育改革发展的关键举措。因此，对高校内部治理的内涵特点进行剖析，是实现上述问题的基础和先决条件。

（一）内容分析

“混合所有制”是在政治经济中出现的一种新的经济理念，其目标是以提高国家经济的生命力来保持和提高国家财产的价值。我国高等专科学校是我国当前最受关注的专业办学问题，2014 年，国家教育部等 6 部委根据我国在经济体制方面取得的成功实践，制定了《现代职业教育体系建设规划（2014—2020 年）》。在这样的大环境下，高等职业教育改革的创新发展方式，引起了社会的普遍重视，也是当前我国高等职业教育的一个重大举措。但是，以往对于混合所有制的专业教育的理论却鲜有相关的论述，致使学术界对其性质、类型以及实践途径存在分歧。相信随着对混合所有制的深入探讨，有关的理论也会越来越清晰，从而为今后的发展提供更好的理论支持。

1. 高等职业学校的混合办学理念分析

在界定职业学校的性质时，必须明确其含义。所有制，也就是生产资料所有权，它是关于所有权归属于何人的问题。按照我国有关立法，国家实行的所有制是以生产要素的公有制和各种不同的经济要素的混合发展为基础。这种发展方式说明，混合所有制是国家最根本的经济体制。从微观上来讲，我国目前的发展方式是公有制与私有制的和谐发展，其是我国现阶段的经济发展方式的基础。在这些要素中，公有制是指劳动人民共有的生产资料，而私有财产的本质特点是生产要素的私有制。从宏观上来分析，公有制和私有制是所有制发展的多样性，国家允许公有制和私有制共存，国有资本、私人资本和外国资本组成的资本结构呈现出多样化的特点，股份制也将成为公司的基础经营制度。应当注意到，我国的股权结构与股份制并非一概而论。所有制与公司所有权是密不可分的，即公司的资金来源于公、私；股份制则是与公司的经营权相连的，是公司的资金来源。在股份制公司中，由于资金的来源比较分散、错综复杂，所以在国有控股公司中存在着委托和经营权分开等问题。

在我国高等职业教育的发展中，必须先确定其科学的含义。公有制和私有制是我国社会主义市场经济体制的重要组成部分。从微观上来看，我国职业院校的办学特色包括公立院校和私立院校，其中公立院校是以职工共有的资产为基础的院校。私立院校是建立在资本家私人拥有的基础上的私立学校。从《中国教育统计年鉴（2013）》可以看出，当前我国职业技术学院发展的格局已由单一的公立学校转变为公立、私立等所有制并存的局面，私立学校作为高等职业教育的一个重要组成部分，使我国高等职业学校的整体实力得到了显著提高。所以，在宏观上，高职教育具有混合所有制特征。从微观上来讲，我国高职教育的资本结构还应当包含国有资本、私人资本和外国资本。总体而言，我国的职业学院更适宜实行股份制，既有利于资金的自由流通，又可以实现所有权与管理权的分开；既有利于管理的改革，又有利于实现校长的专业化管理。

通过上述分析，我们可以大体理解我国高职教育的含义：办学单位应当是各种所有制的，从宏观层面来讲，可以分为公、私两种；从微观层面来讲，包括国有资本、私人资本和外国资本，资本结构具有多样化。

2. 混合所有制高职院校协同治理的内涵

对于混合所有制高职院校的治理研究实质上就是在职业教育框架之下对具有职业教育特殊性的治理体系进行考察。这种特殊性是指，虽然职业院校的治理体系与普通学校的治理体系在一定层面上有许多相似之处，但毫无疑问的是，职业教育与地方经济、区域产业升级结合度上更为紧密，因此，在其治理上更应考虑到多个利益主体的需求，满足经济社会发展的需要。

国外关于职业院校的治理研究主要集中在国家职业教育整体层面上和对某一些大学的治理进行专门的探讨方面。总体来看，国外在职业教育治理中的参与主体比较多，不仅包括政府、学校，还包括对职业教育院校进行治理的专门机构。在各个治理主体之间权责分明，这正是我国在混合所有制职业院校治理中需要借鉴学习并使之具有本土化特色的地方。而国内，关于高职院校治理内涵的研究主要是从宏观和微观两个层面出发进行的。宏观层面上看，相关学者认为高职院校治理是指在所有权与经营权分离的前提之下，协调高职院校内部不同主体利益关系的制度体系。具体以组织的运行管理为途径实现不同主体利益的科学均衡，从而实现组织的稳定运行与科学发展。微观层面上看，相关学者认为高职院校治理其实是一种关于以其经营管理者为代表的行政人员、教师和学生等内部利益相关者如何行使控制权的制度性安排。

学校治理作为教育治理的组成部分，它是推动教育治理和教育体系现代化的重要载体，当然教育治理和教育体系现代化也必须通过学校治理去实现。通过以往的学者研究，我们可以把混合所有制高职院校协同治理的内涵归纳为：在混合所有制高职院校治理中，应包括不同的所有制治理主体，而为了协调好这些不同治理主体之间相关的利益诉求，我们应该推崇“协同治理”——通过不同治理主体间的共同参与、相互配合、形成共识、集体决策和合力执行等行为去促进公平和提高效率，以达到满足公众和促进高职院校发展的需要。

（二）本质特征

协同治理作为一种新颖的现代治理理论，更多运用在政治经济领域，引入教育公共领域尚未有成熟的模式，但从前文对混合所有制高职院校内涵的梳理来看，协同治理并非一种主观选择，而是现代职业教育发展的必然结果。在笔者看来，“混合所有制高职院校”与“协同治理”结合之后具有以下特征。

1. 治理主体具有“多元性”

无论是公办还是民办，传统的高职院校治理主体较为单一，学院行政管理中政府主管部门占据了绝对的主导地位，而合作企业、当地社区、校内师生等利益群体往往没有直接管理权限，更多的是仅发挥着监督作用，实际参与治理程度不高。在单一主体治理下，高职院校呈现出封闭、低效、僵化的生态环境，产生的后果就是校企合作流于形式、人才培养供需脱节，所以当前有一种观念甚为流行：“纯粹公办活不起来，纯粹民办大不起来。”

而混合所有制高职院校从根本上来说是在产权结构上实现多种主体混合办学，从特点上来说是一个典型的利益相关者组织，而对利益相关者需求的满足能力就将成为组织存续的决定性因素。因此，必须尊重各利益相关方的主体地位，必须赋予其直接参与学校治理的权利来保障其不同的价值追求、利益诉求、权力机制的充分实现。可以说，混合所有制高职院校在产权结构上的多元化决定了其治理主体不可能是单一的，“多方共同参与”成为混合所有制高职院校协同治理的前提性要求。

必须明晰的是，混合所有制高职院校协同治理在主体上的多元化不仅仅意味着数量上的简单增加，否则容易掉入所谓的“多元陷阱”，导致在治理过程中权责分散、定位不明、组织无序甚至彼此冲突。它强调的并非各治理主体的“分权”，而是各治理主体根据自身特点匹配权责、各司其职、共担风险，通过相互之间的沟通、合作和制约来实现不同价值、利益和权力平衡。此外，治理主体的多元化体现的是民主地位，政府作为宏观主体仍需要处于协同治理的中心位置，发挥好“主导者”与“平衡器”的作用。

2. 治理目标具有“一致性”

在混合所有制高职院校治理结构中，政府、行业企业、院校等多元主体各具特色和优势，各自的利益诉求存在差异，尤其体现在高职院校的公益性与行业企业的营利性两者之间的矛盾上，这往往导致各个主体对于高职院校治理的意图互有出入，对于总体目标仅有模糊的认可，结果影响了办学定位、合作热情与治理效率。因此，协同治理强调必须以共同目标为主要纽带，通过共同目标把不同参与者凝聚起来，才能在参与主体间构建良善关系、进行协调合作。如果说“共同参与”是混合所有制高职院校协同治理的前提，那“目标一致”则是协同治理的基础。

治理目标的“一致性”源于多元主体对高职院校合作办学的共同认识，源于对彼此之间互惠共赢的共同愿景。协同治理不同于传统的治理模式，不是由上层决策者综合下层的信息来确定方案，也异于决策者从不同专家方案中进行选择的专家咨询制。协同治理的目标首先是要在不同利益相关者之间依靠充分协商来达成共识，在达成共识的基础上才能调动起各方的积极性，进而才能在治理中有效利用资源、相互积极配合、协调一致行动，充分发挥多方优势，最终实现互惠共赢。可以说，混合所有制高职院校协同治理目标的“一致性”追求的正是多元主体共同利益上的最大化，就是要尊重彼此的利益相关者地位，寻找到各自目标实现的共同点、平衡点，在此基础上努力构建起各方共同接受的治理结构和治理规则。正如宣勇教授提出：善治是治理的根本目标，是实现公共利益的最大化结果。对于我国高等教育体系而言，善治也将作为其最理想的发展状态。

3. 治理方式具有“互动性”

在混合所有制高职院校协同治理中，多元主体为了实现共同的治理目标而产生积极的、多维度的互动。互动，意味着政府、高职院校、企业、社会等是相互作用、相互依赖、相互变化的，在良性的互动关系构建中任何一方的发展都以其他地方的发展为目的，互为发展条件。具体来说，互动性直接表现在信息、知识和技术的共享上，各主体排除私利的诱惑和影响，互相信任地共享自身掌握的优势资源。信息资源并非进行单向的流动，而是集中起来进行再优化和重新配置，促进高职院校非营利性育人活动的有效开展。

此外，大学治理的关键是决策，混合所有制高职院校协同治理的“互动性”体现在与决策相关的全过程。一方面在治理议题的提出、目标的确定、解决方案的优选上各主体以协商的形式进行充分互动，协调多方利益，化解矛盾和冲突，以此制定出高质量的公共决策，破除传统治理方式因互动性不足而导致的民主化程度偏低、科学合理性欠缺和行政化色彩过浓等弊病；另一方面，在决策方案的实施和评价反馈环节也要通过分工合作、相互配合来提升质量、保障公平。尽管在决策过程中主体间的互动无疑会伴随着权力博弈和利益博弈，由此带来时间成本的增加，然而一旦在互动中达成共识，建立起功利性目标，那么治理行为将是快速而顺利的。总而言之，协同治理方式的“互动性”特征是与民主性、高效性、科学性紧密联系的，在此基础上能建立起“决策—执行—监督”的权力制衡结构，实现混合所有制高职院校办学的多元主体间的有序合作。

4. 治理过程具有“持续性”

持续性反映的是一个动态的、不间断的作用过程，将其与混合所有制高职院校协同治理联系起来，它至少具有以下两个方面的内涵：第一，协同治理的过程不同于“突击解决—迅速见效”的“运动型”治理，它强调的是各主体之间协商合作共同建立一套长效机制来实现稳定的、常态化的、制度化的管理，持续的治理过程带来持续的治理效果，避免常常陷入问题反弹的恶性循环之中；第二，政府、高校、企业和社会等主体并没有一个固定刻板的运作模式，而是根据治理内容的不同呈现出动态的变化，所扮演的角色地位、发挥的作用大小会随之改变，因此持续性还意味着根据具体情况各主体不断调整自身以相互适应，始终保持整体治理过程处在动态的持续中。

此外，保障治理过程的持续性需要多元主体具备长远的眼光和整体的视角，进行充分的互动和科学的规划，使治理过程有制度、有规则、有程序可循。高等职业教育是培养高技能应用型人才的活动，混合所有制高职院校协同治理就是要在整个过程中始终将立德树人、求真强技作为根本目的，尤其在制定和执行决策时应当充分考虑其是否符合长远利益，将治理过程的持续性与育人活动的长期性结合起来，从“头痛医头、脚痛医脚”的表层治理、个别治理转变为对高职教育问题的标本兼治，同时各主体相互协作、相互监督避免治理过程走向随意和混乱。

5. 治理内容具有“选择性”

现代大学治理内容涉及办学理念、教育教学质量、组织运行、科研管理、资源配置、人事师资管理等方方面面，但混合所有制高职院校协同治理的内容并非完全覆盖的。从本质上来讲，协同治理是为了破解那些仅凭单一主体无法解决或者有效解决的复杂公共难题，所以协同治理内容是有针对性的。在混合所有制高职院校办学中会遇到影响正常发展的各种障碍和挑战，尽管大部分问题都需要联系政府、企业或者社会多个主体来共同治理，但仍有一些内容是不适合这一模式的，否则可能会导致权力的越界、责任的混乱，对治理效果有害无利。

由此可见，协同治理要求混合所有制办学的多元主体共同参与、协商，扩宽、加深彼此协作的领域，但在具体的治理内容上仍是有选择性的，哪些问题需要进行协同治理必须经过多元主体的共同商榷，在综合考量下做出符合公共利益的选择。例如，在人才的创新培养上，高职院校培养技能型人才的办学目标使其必须跨越学习与工作的界限，贯通学校与企业、社区、社会的界域，因此其治理活动必然要多元主体全面参与教学质量治理，真正体现“全员育人”的思想。

四、混合所有制高职院校协同治理的价值诉求

价值协同是协同治理的灵魂与核心。面对共治主体不同的价值观念与利益诉求，价值理念的统一是混合所有制高职院校的发展基础，其协同治理的价值诉求是多元主体沟通与协商、博弈与均衡的基本理念支撑。

（一）形成包容开放的核心价值理念

混合所有制高职院校办学存在产权结构多元化、治理结构多样性、运行机制灵活性等特点。目前，混合所有制高职院校办学中的决策权属存在冲突、利润分

配不明等问题。同时，我国高职院校治理存在办学自主权难以落实、行政权力压制学术权力、行业企业参与治理机制尚未形成等问题。好的价值与理念是学校治理的灵魂和根本精神之所在，应当基于混合所有制高职院校的办学特点、办学中具体制约性条件，对高职院校的混合所有制改革内容和方向进行探讨分析，明确开放、包容的重要意义，为协同治理奠定良好的基础。其中的包容开放应该涵盖相互尊重、相互信任、相互协调等关键词。

1. 治理主体之间的相互尊重是协同治理的基础

混合所有制高职院校协同治理是治理主体在充分尊重各自利益诉求的基础上为共同解决学校治理问题的群体性活动，其治理主体包括政府、高职院校、企业、行业协会、社会组织等。为了避免混合所有制高职院校办学中的决策权属存在冲突、办学自主权难以落实等问题致使院校治理中的主体间或利益相关者之间产生合作“缝隙”，各治理主体间或相关利益者间需彼此尊重、认同，这是高职院校协同治理的基础。如高职院校尊重与服从政府组织的相关政策法规，不以一己私利去违背或践踏；政府从宏观上对高职院校进行指导，尊重高职院校的办学自主权；高职院校尊重企业对学校人才培养的要求与建议，合理采用相关建议，但是不是一味地迎合或是“讨好”企业，更不是对企业提出的要求或建议置之不理，从而使校企合作流于表面形式；企业与高职院校的相互合作表现在承担起高职院校治理中应尽的角色，尊重其他治理主体的行为，尊重学校的办学方式和人才培养规划；高职院校与其他治理主体间秉持相互尊重的原则，各方都摆脱“讨要者”的角色，同时也起到了监督制约的作用，使多元主体间的合作到位而不越位，这有利于多方利益的协调整合，有利于多方治理主体的进一步深化合作，从而实现真正的协同治理。

2. 治理主体间的相互信任是协同治理的保障

混合所有制高职院校办学资本来源多元化，其具有资本寻利性的属性，并且办学主体多元化，同时，相关利益者多元化。在现实实践中，各相关利益者为了自身利益最大化，彼此间会对各方的决策产生一种疑虑，从而产生隔阂，使深度合作难以进行。治理主体间的关系将影响治理的效果。对于混合所有制高职院校而言，协同治理类似于利益博弈，只有保证不同主体之间的信任和合作才能够避免双败的惨剧，从而产生 1+1>2 的效应。混合所有制高职院校相关主体必须形成良好的互助、合作、信任关系才能确保协同治理的科学性与有效性。其治理目标的实现需以治理主体间或相关利益者间的相互信任为保障，与此同时，它和学校整体利益最大化的实现都是治理主体间或相关利益者间相互信任的产物。

3. 治理主体间的相互协调是协同治理的关键

我国现代职业教育在整体上呈现出各行其是的混乱“无序”状态，各治理主体之间连接纽带不强、角色定位不明、权责关系不清，因此缺少相互协调的治理是无序、无法达到集体行动的。治理主体间的相互协调是解决这种无序状态的有效途径。此外，不同主体往往呈现出不同的利益诉求与行为模式，因此，若想保证协同治理效果最优化，则需要将高职院校利益者间的相互协调贯穿于学校治理的全过程中，从而促进高职院校利益相关方形成命运共同体，以此实现高职院校治理共赢共生的目标。

（二）建立多方参与的开放治理体系

传统的高职院校在内部治理上主要依赖于行政班底，从而呈现出单行政化、科层制特点。这在一定程度上影响了治理效率，并且对高职院校体制改革造成了不利影响。多种所有制主体共同参与的混合所有制高职院校必然受到不同利益主体的影响。因此，需要推动多元主体以不同程度、不同频次的形式参与行动，形成有序衔接，从分散治理转向协同治理。基于此，混合所有制高职院校协同治理需要建立多方参与的开放治理体系，构建全社会积极参与高职院校发展的机制。混合所有制高职院校建立的多方参与的开放治理体系包含治理主体多元化、治理方式民主化。

1. 多元主体共治是混合所有制高职院校协同治理的基本前提

我国传统的高职院校治理呈现出行政性主导的管理体制。基于这一背景，高职院校对政府具有强烈的依附心理，从而使深化校企合作、产教融合难以真正落地生根，高职院校内部治理结构的教师、学生群体共同参与的自我治理动机和意识被忽略。同时，高职教育作为一种教育类型，其具有教育性和职业性的双重特性，需要学校教育和企业更为紧密地联系，且混合所有制高职院校办学资本来源多元化，因而混合所有制高职院校治理中的“外部性”色彩更为明显。混合所有制高职院校的治理不仅需要发挥政府的作用，更需要行业、企业等作为治理主体的紧密参与。

由此，要突破高职院校传统的管理模式，建构混合所有制高职院校协同治理模式，需摒弃以权力为依托为主要特点的管理思维，转而寻求以多元化主体为基础的协同治理模式。该治理模式能够有效发挥不同主体的优势，促进学校的良性、稳步发展。混合所有制高职院校的治理工作并非运营管理主体的职责，而是需要不同主体发挥自身职能作用，共同努力实现最佳治理效果。

2. 治理方式民主化是混合所有制高职院校协同治理的重要方式

目前，我国高职院校治理民主参与监督权缺失严重，高职院校行政化的管理模式使得校内机关只对上级负责，缺乏由师生、社会、社区、企业或第三方组成的利益群体的监督。同时，大数据技术的创新发展对我国社会经济的各个领域产生了巨大影响，也对高职院校运营管理模式的改革提出了新的要求，加大了高职院校管理层的工作压力。由此，落实民主管理、民主监督，开辟听取广大教职工和学生的意见或建议的渠道是混合所有制高职院校协同治理的重要方式。治理方式民主化下的治理主体或利益相关者之间的关系是民主的，即高职院校治理并非唯一治理主体，政府、社会组织、行业企业之间应当在平等的地位上协商。混合所有制高职院校治理民主化表现在：一方面，尊重且支持民主参与，同时，切实保障师生在治理中的主体地位；另一方面，还要发挥社会相关组织及利益群体监督的职能，从外部监督、履职考察的角度落实民主管理监督。

（三）建构联动高效的现代治理机制

高职院校作为一个利益相关者共同治理的社会组织，在实现高职院校的协同治理即可持续发展中发挥着重要的作用。然而现实之中，多方利益相关者参与高职院校治理并未落到实处，表现为：一是行业企业参与高职院校办学的方式还主要局限在提供专业设置、课程教学改革咨询和校外实践岗位等方面，而其作为高职院校协同治理结构中核心利益者的身份并未真正体现在高职院校的决策、管理甚至是课程教学的改革之中，因此，行业企业在高职院校治理中依然没有话语权；二是学生和家长参与高职院校的治理范围与地位受限，理论上，高校应尽可能确保学生全面、全员、全方位地参与到学校治理的各项工作中，但实际上，学生能够参与的范围一般局限在教育教学事务、条件保障事务等方面，而事关学校发展的核心问题则很少让他们插足；三是高职院校专业管理人员缺失、管理者自身能力素质不强以及校内优秀人才的流失等都导致了高职院校治理机制缺位。因此，为实现高等职业院校的最佳协同治理效果，必须确保各主体积极参与，在良好协商、信息交互、职责明确的基础上发挥各自优势作用，共同提升运营管理水平。

1. 多元高效的协商机制是混合所有制高校协同治理的主要运行机制

高职教育多方利益者之间的互动交流因为协商机制的缺失而流于形式，缺乏实质性效果，自然难以形成有效协商的链条。因此，当前高职院校构建多元高效的治理协商机制可以通过政府、社会和高校协商平台以及教师、学生和高校的协商平台来实现。第一个协商平台可以采用董事会、理事会等形式，为来自政府、社会和学校的各方代表提供在决策咨询以及合作办学方面进行协商交流的通道，并将董事会的决策意见作为高校治理的重要参考依据。第二个协商平台可以通过师生党支部、工会、学生会等组织机构做好师生群体的利益诉求征集、利益协调等工作，确保师生权益得到良好的维护，师生参与学校事务的管理渠道畅通。

2. 动态完善的信息机制是混合所有制高校协同治理的重要导向机制

高职院校协同治理需要兼顾不同利益主体的利益需求，这也是我国高职院校体制改革的基本任务和要求之一。基于大数据时代的宏观环境，不同主体将呈现出更加显著的利益差异，从而对协同治理的整体水平提出了更高要求，也对信息分析工作水平提出了更高要求。第三方评价机构可以在一定程度上保障高等职业教育中的信息安全，避免信息失真和泄露的风险，为建立动态完善的信息机制和公开机制保驾护航。同时，先进信息技术的发展也应在注重信息安全技术研发的同时，建立健全信息的内外监管机制，确保信息的真实、安全、有效。

3. 权责一致的责任机制是混合所有制高校协同治理的重要保障机制

责任作为高等职业院校协同治理的基本要素之一，对实现良好的治理具有举足轻重的作用。《中华人民共和国宪法》和法律赋予人们的核心利益就是在其许可的范围内行使权利并承担义务。因此，高等教育的管理权、办学权和评价权和与其相应的责任应该一致并达到高度匹配。然而，现实中有责无权、有权无责、权重责轻等权责不一致的情况比比皆是。为保障混合所有制高职院校协同治理的健康运行，就要摒弃这些弊病，推行绩效评估、绩效诊断和绩效问责，对混合所有制高职院校协同治理的一致性、协调性和整合性进行评估，并针对绩效目标寻找差距提出整改意见，最后结合绩效评估结果，向政府教育部门、学校以及社会反馈，充分认识到在混合所有制高职院校中的成就和不足，开展问责行动。

（四）创建工学兼优的人才培养体系

高职院校工学结合的人才培养模式需要政府、企业行业以及学校等多元系统的参与和支持。然而，目前我国高职院校工学结合的人才培养模式还存在一定的困境，致使最终实施层面的价值没有得到充分体现。第一，工学结合人才培养的支持体系尚未真正确立。高等职业教育作为一种全新开放的教育类型，在发展过程中不可避免地要受到政府的统筹、行业的指导以及企业的参与在人才培养方面的影响，并进一步提高职业院校在人才培养的“目标设定、课程设置、过程监管、结果测评”等重要环节的针对性和有效性。第二，工学结合人才培养的主要瓶颈是体制机制不健全。一方面，学校缺乏与企事业单位合作的组织构建和合作制度，导致绝大部分企业只着眼于眼前利益，将接纳学生实习作为弥补企业员工短缺的简单劳动力需求，缺乏长期的合作计划；另一方面，学校自身的组织结构不适应职业教育实践性、开放性的需求。第三，工学结合人才培养的主要症结是课程层面的系统设计缺失。无论是内容的选择还是课程实施的方法、手段，传统的课程模式都不再适应工学结合的需求；课程改革缺乏系统设计，仅仅在内容的整合、形式的调整上做一些形似而神不似的课程改革；实践学时的增长与学生操作技能的提升不成正比，难以符合工学兼优的人才培养模式的要求。因此，以协同治理理论为指导，构建混合所有制高职院校的人才培养质量保证体系意义非凡。

1. 以培养目标为核心，切实保障人才培养的质量标准

无论是政府、企事业单位、高校自身还是家长，都一直关注着高等职业院校

人才培养的质量，这也从不同角度诠释了高等职业院校人才培养质量的重要性。因此，学校不仅要紧密结合社会发展的需求适时修订人才培养方案，在确保学生理论知识水平的同时也应保证其良好的应用能力和实践能力，不断提升学生的综合素质。课堂教学是实施人才培养方案的基础，学校应该根据不同专业、不同课程以及不同学生的实际制定培养方案的实施标准和考核目标，在人才培养的全过程中追求质量理念，更好地服务于高素质实用型人才的培养。

2. 提升课堂教学质量，切实发挥人才培养主渠道的作用

课堂作为人才培养的主渠道，是高质量人才培养的重要保障。高等职业院校要建立课程教学质量监控机制，狠抓课堂教学，同时抓好学风建设与教风建设。前者以学生为对象，引导其树立端正的学习态度与怀有积极的学习热情，充分保证教学活动质量；后者则以教师为对象，要求其不断提升创新能力与教学水平，推动课程改革、教学模式改革发展。课堂教学质量保证体系的构建，对教学督导组、教学管理干部、学生教学信息员的工作职责进行了明确的界定，并在相互之间建立起有效的信息共享和关联机制，这对于课堂学风建设、教师教风改进和教学学术水平的改善与提升具有重要作用。

3. 打造“抓基础、重实践、求不同”的人才培养模式

科学合理的培养模式是教学质量的重要保证。对于高职院校而言，人才培养的目标是为社会提供高素质、专业化、实用型的人才。这一培养模式有效促进了学校人才培养活动与地方社会发展的协同，更加贴近地方社会现实需要。因此，高职院校应当树立科学的发展理念，打造特色人才培养模式，充分体现其专业优势和发展特色，实现专业教育与素质教育的科学结合，实现专业课程的科学开发与合理设置，根据社会需求确定人才培养计划，实现学生、学校、学习与社会实践的无缝对接，全面提升学生的创新能力与适应能力，在满足企业用人需求的同时实现自身科学发展，全面提升学生的文化素质与专业素质。

五、多元博弈：分析框架构建

问题是一切分析框架的出发点，基本问题是所有研究的基本前提。本书基于混合所有制高职院校治理主体之间失调、在协同治理过程中功能性差距拉大、治

理内容结合度不够高等问题，构建分析框架，厘清逻辑基础。

（一）关键问题及其审思

基于多元博弈的协同治理问题，主要是指协同治理过程中各主体之间关系的冲突与调和、博弈与均衡的关系问题。

第一，协同治理过程中各主体之间关系的冲突与调和。各主体社会角色与分工、功能与作用发挥、立场观点与诉求均存在差异，高职院校协同治理主体之间存在着文化主体价值冲突问题，问题的表征、问题的解决、问题的归因等，均是需探讨、分析的基础。协同治理主体的价值冲突主要体现在价值理念、思维方式和行为模式的冲突三个方面。不同的价值观念与诉求又使得各方利益主体在面对利己与利他的抉择中形成冲突，另外，由于各主体的思维方式不同，协同治理发展统筹在主体思维方式和行为模式上均产生矛盾。在治理主体统筹发展过程中，各个治理主体之间由于受不同文化理念的影响，各自在外在形态上往往出现竞争或排他的行为，而这与职业教育与经济社会和谐发展的目标大相径庭，导致价值理念与文化塑造无法与各主体之间的发展相融合。

而以上问题的核心在于协同治理主体之间的独立及依存问题，其核心体现在以下两个方面：首先，各治理主体之间在关系层面上是彼此独立的关系，但是在一定的价值观和规则的统领下，有一定的交叉和融合，独立存在的形式如何以最有效的力量与其他子团体进行融合，体现出一定的秩序性和主导性；其次，协同治理主体之间的依存关系存在一定的规则边缘化和责任界限的不清，主要的表现是过分地依赖或者绝对地独立，在权责方面划分存在等级的不明确，如何在把握宏观治理主体之间彼此独立的前提下更加充分地发挥依存合作的力量，是一个亟待解决的问题。

第二，协同治理过程中“博弈”与“均衡”问题。协同治理主体之间的合作是有序有效进行教育统筹的重要组成部分。而在协同治理过程中却出现各个利益主体之间的共赢性合作与利益性竞争问题，这同时出现在宏观统筹与微观协同过程中，在追求利益过程中忽略了秩序规范问题。高职院校各治理主体之间因利益需求不同，各自秉持着自身利益最大化的原则而忽视他方利益，往往是在“冲突”

中寻求形式化的“和谐”。各个治理主体之间在协调统筹过程中顾此失彼，相互之间在一种缺乏合作的意识中艰难前行，以至于在相互协调统筹过程中出现发展失序问题。

对此类“失序”问题进行归因分析，其核心原因在于协同治理主体之间的整体性割裂和持续性不足，突出表现在以下两个方面：首先，协同治理过程中不同主体之间仍然存在比较突出的整体割裂性问题，尚未形成科学、稳定的协同关系，因此无法有效协调不同主体利益与资源要素，导致不同主体之间的行为缺乏联动性与合作性。各要素均处于无序与孤立运行的状态，缺乏“纵向与横向”相结合的视角全景式看待问题。其次，协同治理统筹发展过程中存在持续性断层问题，主要体现在各治理主体没有从职业教育系统整体以及各组成部分的关系来考量持续性的问题，对系统的发展缺乏全面的设计以及长远的考量，从而致使协同治理效果面临短期效应与短期发展的危害。对于高职院校混合所有制改革事业而言，不同主体的良性关系是协同治理目标实现的重要前提。然而，在协同治理统筹发展的实践中出现了治理主体之间关系共生失衡的问题，而治理主体之间的失衡，势必会导致职业教育在统筹发展中问题丛生与效率低下。只有各个治理主体之间处于合宜的生态位，才能更好地实现统筹发展。然而，在协同治理过程中，各个治理主体之间往往处于不适宜的极端的生态位关系中，主要表现在彼此之间的关系失衡或者认识偏差问题，在需求关系上存在依存或者寄生的倾向。

第三，协同治理模式的构建与优化问题。在研究分析高职院校混合所有制改革及协同治理问题的基础上，构建协同治理模式的基本板块：一是完善政府主导、社会参与的统筹机制。作为外部治理的主体，政府与社会在打造混合所有制高职院校治理生态、营造治理文化、构建法治基础中发挥着最为核心的作用，政府主导、社会参与的统筹机制在协同治理中的行为力度与协同效应呈现规律性关系。真正发挥政府的主导、协调职能作用，能够极大程度地挖掘社会参与的核心意愿，为多元主体营造良好的外部治理生态。二是深化多元主体诉求博弈的认同机制。通过问卷调查、数据分析发现，多元主体由于社会角色与分工的不同、其利益诉求的不同，致使其在治理过程中博弈不断，适度的博弈能够充分整合多元主体的不同意愿，在试探各主体诉求的边界与极限中实现静态均衡，但多元主体的博弈需在共同的目标指引与理念引领下才能达成目标协同的最大化。因此，应充分深化多元主体诉求博弈的协同机制，激励、引导多元主体在博弈中形成理念认同，进而促进理念对行为的引领作用。三是明晰多元主体权责关系的协调机制。混合所有制高职院校关涉多元参与主体，在协同治理生态下，建立治理主体权责明晰与协调的推进机制，能够有效助推混合所有制高职院校协同治理权责新秩序的建立。

（二）分析框架构建的逻辑基础

在协同治理过程中必然涉及各主体之间的利益协调问题，而博弈论是一种在特定条件下研究多人谋略和决策的理论。博弈理论在各个领域的应用中主要体现出三个基本特征：冲突、优化、均衡。在本书中，博弈理论主要主张：博弈参与者也是学校治理结构中的利益相关者，并且这些利益相关者之间存在利益冲突；博弈理论的任务是解决博弈参与者间存在的利益冲突问题，从而达到优化；在博弈中，博弈各方均认可最后呈现结果的利益分配方式，最终实现结果是一个有“约束力的妥协”，从而达到均衡。在博弈模型的框架构建过程中，应遵循如下逻辑基础。

第一，教育学理论视野下的高职教育的价值与功能。高职教育的价值与功能问题是厘清所有本质性问题的前提和参照标准。首先，高等职业教育在发展过程中，由于受到功利性的影响，过多强调效益功能的作用，对人性的关怀显得较为薄弱，没有充分体现以人为本的教育理念，这同教育与人的发展理论中强调一切以人为中心的理念有一定的偏差，而教育与人的发展理论正好为填补高职教育中被忽视的人文关怀缺失问题奠定了一定的人文基础。其次，高职教育的社会功能并没有充分发挥出来，主要体现在高职教育的发展过程中存在明显的功能弱化或者意识偏差，在隐形的意识形态以及显性的实践行为过程中功能失调，而教育与社会发展理论中所注重的是通过教育功能促进教育与社会发展之间的和谐互利发展，所要解决的是高职教育的社会功能失调问题，由此教育与社会发展理论不仅指明了方向，也奠定了相应的理论基础。

第二，经济学理论视野下的高职教育治理主体之间的竞争与合作。首先，在高职院校中治理主体之间的非理性博弈问题，主要体现在协同治理过程中各利益主体之间存在的非理性竞争与博弈，而这样所造成的后果就是在协调配给方面存在各类资源浪费，这对利益主体来说是一种不良的关系，对整体的治理发展也存在一定的阻碍和抑制。共赢性博弈理论，其宗旨和目的是实现各个利益主体之间的“共赢”，达到利益最大化，其本质是一种理性的博弈，通过系统分析博弈规则，对博弈规则进行完善和强化，摆脱和消除非合作的无序竞争，最终实现“共赢”甚至“多赢”性的利益格局，为各利益主体之间的非理性博弈提供一种新的价值判断和利益导向。其次，治理主体之间的责任模糊分化问题主要表现在各个主体之间在进行协同治理过程中，在相互认同的规则框架下，对各自责任表达、承接以及在落实过程中出现的责任意识边缘化现象，在一定的责任边界表现得较为被动和消极。多中心治理理论认为强化层级节制、权责界限清晰、同一件事情必须交由一个部门完成的单中心统治未必能够保证或提高效率，只有多个中心在各自权限中系统展开行动，积极配合其他责任部门规划落实，才能为高职院校各利益主体之间的协同治理提供一种责任明确的思路和方向。

第三，社会学理论视野下的治理主体之间的独立与依存。混合所有制高职院校的协同治理过程中存在的各自为政，主要表现在治理主体之间的无效或者弱效合作，不能成为统一的力量进行最优化、最正向的发展。治理主体之间的行政单位以独立存在的形式在子团体中发挥作用，但并没有进行有效整合与统整。而社会学中的结构功能主义强调的是，由价值观和规范构成治理系统的基本结构，而治理系统的维持和存在必须满足四种功能条件：“一是适应，确保治理系统所拥有的资源能够再次分配；二是目标达成，制定系统的目标和确定各目标的主次关系，并能调动资源和引导各治理主体去实现目标；三是整合，使治理系统各部分主体协调为一个起作用的整体；四是潜在模式维系，维持共同利益价值观的基本模式，并使其在系统内保持制度化。结构功能理论为弥补治理主体提供了价值导向，在一定程度上对冲突进行了淡化，同时加强了独立治理主体之间的依存性。”

第四，生态学理论视野中的要素之间的均衡发展。自由与共生失衡问题实际上反映的是高职院校的某些治理主体过度地依赖某些客观影响因素等。协同治理关涉政府、高职院校、企业、行业协会、社会组织等多个治理主体。过度的依赖主要表现在：高职院校过度依附企业或者社会组织，几者之间并没有形成和谐共生的存在发展。共生协同理论强调生物与其他生物走向联合，共同适应复杂多变的环境，互相依赖，各自获取一定利益，而这种共生模式发展理念为混合所有制高职院校的协同治理发展奠定了理论基础，从而说明协同治理主体之间只有相互扶助、相互连接，才能使得两者之间实现共生共荣式发展。以生态学理论为视域对高职院校的协同治理模式进行研究分析，可以将混合所有制高职院校的利益关系抽象理解为有机体同内外部环境之间的交互关系，在合作竞争的基础上实现稳定的协同关系从而实现共生共荣。基于生态学的协同治理问题研究就是探究政府、高职院校、企业、行业协会、社会组织等多个治理主体在各自发展中的相互作用机理，不同的治理主体通过正式及非正式的发展，将其关系抽象划分为若干"生态圈"，从不同层次、维度、角度出发对互动关系进行研究分析，从而明确不同主体各自不同的科学关联，为协同治理奠定良好的认知基础，在不同主体科学互动的基础上完成各项建设任务。

第五，文化学视野理论下的混合所有制高职院校协同治理的价值理念与特色。首先，文化主体的价值冲突问题主要反映了价值主体之间因追求各自利益最大化的需求而在价值理念、思维方式和行为模式中表现出彼此脱离并发生冲突的情况，而正是价值主体各方之间不能形成一致意见并采取一致行为，才使得协同治理过程的协调困难重重。其次，人才规格的导向冲突问题主要因文化主体各自秉持的价值理念不同，以至于在人才培养规格上和人才培养质量上产生背离和冲突。最后，特色理念的引领冲突问题实际上反映的是在协同治理过程中，不同的治理主体由于受不同文化理念的影响，而在协调和统筹发展过程中致其外在形态上往往出现竞争或排他行为。

理念往往代表着事物发展的方向，理念不适应必然导致发展走上弯路，使事物发展困难重重。文化适应理论强调在一定的时空条件下，主体的行为要与特定的自然生态环境和文化环境相适应以求在相互作用、动态平衡中追求共同发展。高职院校的协同治理发展势必要与不同区域、不同领域的文化在长期的接触交往中，通过互相影响、互相协调，在追求动态平衡中共同整合。另外，文化整合理论强调文化在由简至繁的每一个层次上都应当按照一定的秩序在结构上相互联系、在功能上相互协调，从而使不同的文化要素、文化系统相互适应、汲取、协调而趋于和谐或统一为整体。协同治理的主体在统筹中，无论是文化主体的价值冲突、文化规格的导向冲突抑或是特色理念的引领冲突，说到底均是治理主体在统筹中各文化主体、文化要素和文化系统之间没有按照一定的秩序进行相互适应并趋于和谐统一的整体，从而导致的文化冲突问题。

第六，系统科学理论视野下的职业教育统筹发展的整体性和持续性问题。系统科学理论视野下自组织理论与他组织理论重在研究自组织系统的形成和发展机制问题以及其他系统对其的作用问题。首先，自组织理论强调系统作为一个整体，其内部各要素相互协作而推动系统的发展。然而，在现实中却存在着协同治理主体整体之间的割裂问题，自组织理论的整体发展观则正好对解决协同治理主体之间的整体性割裂问题起到了方向引领作用。其次，自组织理论与他组织理论强调系统自身能够从无序走向有序，并从低级有序走向高级有序。而在高职院校治理主体协同治理统筹发展实践中却存在着各个治理主体系统内部，以及与其他系统之间出现有序性缺失问题。诚然，自组织理论强调系统自身只有不断地从无序走向有序才能有持续发展演变的动力，因而从无序到有序、从低级有序到高级有序的发展模式为解决协同治理发展统筹中存在的有序缺失性问题提供了理论依据。最后，自组织理论与他组织理论强调系统自身作为一个自组织，其他系统相对于其他组织系统，并重在阐释自组织系统与他组织系统之间的相互作用原理以及两者和谐共处走向更好的发展。在协同治理统筹发展中，若将单个的治理主体作为一个自组织系统，其他各层面作为他组织系统，单个治理主体系统却与其他系统之间没有形成发展的持续性，则自组织理论与他组织理论正好为单个治理主体系统与其他系统之间实现和谐共处，并走向可持续发展提供了学理支撑。

第二节 高等职业教育混合所有制办学的现实诉求

一、高等职业院校探索混合所有制办学的进展

（一）“混合所有制职业院校”的内涵渐趋明晰

“混合所有制职业院校”是经济用语“混合所有制”与“职业教育”相嫁接而产生的一个全新概念，起初，学术界对其解读不可避免地受到经济学相关概念的影响。例如，一些研究者根据党的十八届三中全会颁布的《中共中央关于全面深化改革若干重大问题的决定》中“国有资本、集体资本、非公有资本等交叉持股、相互融合的混合所有制经济，是基本经济制度的重要实现形式”的论述，将混合所有制职业院校界定为“由国有资本、集体资本、非公有资本等交叉投入所举办的职业院校”。还有研究者根据混合所有制经济宏观层面上强调“整个社会经济的所有制性质和结构多元”，微观层面上强调“微观经济组织即企业的产权结构和资本构成多元”的二分法则，认为混合所有制职业院校也应具有“宏观”与“微观”层面的不同内涵，并提出混合所有制职业院校在“宏观上是指一个国家或地区职业院校的所有制结构具有多元性；微观上则是指一所学校的产权结构具有多元性”。可以说，初期学术界对混合所有制职业院校概念的解读基本上都借鉴于经济领域“混合所有制”的概念框架，由混合所有制经济概念延伸和迁移而来。

随着各地高职院校探索混合所有制办学的深入，研究者开始基于职业教育办学的特点，从全新的角度对混合所有制职业院校的内涵进行解读。如吴益群、范可旭、刘家枢等指出，混合所有制高职院校应为“吸引各种形式的社会资本以资金、知识、技术、管理、设备等要素，按照利益共赢、风险共担原则实质性参与投资办学，使高职院校产权结构发生革命性变化，由国家单一所有制主体办学转变为不同所有制经济主体共同投入并共同实施决策、评价、改进的新型办学主体”。这一界定突破了原有概念中只关注“资本”融合的界定，而强调了“资本”融合后高职院校在产权结构、所有制结构，以及治理机制等方面所形成的“混合”特征，则更能反映出混合所有制职业院校最为本质的内涵。

（二）对高职院校混合所有制办学的认识逐步深化

其一，高职院校混合所有制办学有利于创新高职院校办学体制。高职院校进行混合所有制办学将打破原有单一的所有制形式，利于高职院校形成“政府、企业和个人的多方投入机制”，从根本上解决高职院校投入不足的问题。其二，多种所有制资本进入高职院校后能够压缩政府过分干预高职院校办学的权力寻租空间，打破高职院校原有的权益联结网络，从根本上促使高职院校形成“投资多体、产权多元、规范自律、自主高效”的管理体制。其三，高职院校混合所有制办学将有利于消弭校企合作的体制障碍。高职院校进行混合所有制办学，能够使企业凭借其投入的资本、知识、技术、管理等多种要素拥有学校产权，真正成为高职院校办学主体和治理主体，同时更可使高职院校“依托股份来集聚企业”，校企双方凭借“产权、股份和收益”等来建构稳固的校企合作关系。其四，高职院校混合所有制办学有利于提高高职院校人才培养质量。高职院校通过混合所有制办学而与企业形成的以资本关联为特征的“利益捆绑”式的校企合作关系能够真正促使行业企业实质性地参与到高职院校的办学当中，推进高职院校培养目标、专业设置、课程内容、教学过程与产业升级、行业标准、企业需求的紧密对接，从而提高高职院校人才培养质量，提升职业教育对产业的服务力。

（三）高职院校混合所有制办学的模式不断创新

首先，公办高职院校引入社会资本。这种模式又分为不同的形式：其一，公办高职院校吸纳社会资本实现多类型混合。公办高职院校吸纳国企资本、民营资本及个体资本等多种形式的社会资本共建具有混合所有制性质的校企合作共同体。这既有院校层面的混合办学，也有合资共建的二级学院、实训基地或重大项目等。其二，公办高职院校改制为混合所有制高职院校。对于“办学活力不足”的公办高职院校借鉴国有企业的改制办法，由相关部门对其进行资产清算，将院校的部分股权让渡给院校教师、管理者、政府部门或其他投资主体，并使其享有院校的管理权和相应的收益权。其三，公办高职院校接管民办高职院校。此种模式是指对于那些因经营管理不善或生源不足等多种因素造成出现较大办学困难的民办高职院校，可以由当地政府或教育主管部门牵头对其资产进行清算与核查，并按照“就近、从优”原则，交托于同一辖区内办学条件较好的公办高职院校来接替办学。

其次，民办高职院校引入国有资本。这种模式也分为不同的形式：其一，国有资本以资金方式直接或间接注入民办高职院校。对所辖范围内的典型民办高职院校，政府或教育主管部门可依据“奖励先进、激励后进”的原则，通过国有资金直接注入或政府购买服务、减免利息等间接方式给予资助，使政府或教育主管部门直接成为民办高职院校股东。其二，民办高职院校托管公办职业院校。类似于公办高职院校接管民办高职院校，对于那些办学活力差、办学效率低或受特定客观因素影响而难以维持有效办学的公办院校，同样可以由当地政府或教育主管部门牵头对其进行院校资产的清算与核查，按照“就近、从优”原则，托管于同一辖区内运行状态较好的民办高职院校来继续办学。

最后，不同资本合资新办混合所有制高职院校。不同资本如国有资本、集体资本、民营资本、外资等可共同合资新建一所高职院校。

除以上三种主要模式以外，伴随着实践探索的不断推进和相应支持政策的渐次出台，高职院校混合所有制办学的模式更加丰富和新颖。如，实践领域已有地方政府联合当地民办高职院校通过签订项目合同的方式共建高职院校基础设施，进行具有 PPP 意蕴的混合所有制办学探索。再如，在教育国际化大背景下，已有高职院校通过多种途径联合国外教育机构及相关行业、企业等创办具有混合所有制办学性质的教育实体，实行中外合作办学等。

二、深化高职教育改革的政策导向与路径优化

（一）深化高职教育改革的政策导向

2014 年，我国颁布了《国务院关于加快发展现代职业教育的决定》，这一文件第一次在职业教育领域提出了原属于经济学科的名词——“混合所有制”。2017 年，《国务院办公厅关于深化产教融合的若干意见》将“加快建设实体经济、科技创新、现代金融、人力资源协同发展的产业体系”作为重要指导思想，这一意见在一定程度上跟混合所有制改革相似。2019 年，《国家职业教育改革实施方案》明确要“发挥企业重要办学主体作用，鼓励有条件的企业特别是大企业举

办高质量职业教育，各级人民政府可按规定给予适当支持”“支持和规范社会力量兴办职业教育培训，鼓励发展股份制、混合所有制等职业院校和各类职业培训机构”等，并将这些规定作为构建职业院校多元办学格局的重要举措。

（二）高职教育产教融合的内涵深化

高职院校培养对象有的是具有较高科学文化知识的技能型应用人才，有的是操作技能精湛的高级技艺型人才，有的则是职业综合能力宽泛的复合型经营、管理人才，其人才培养定位要求高职教育必须突出职业性和实用性，进而要求高职院校应实现实时与市场、与企业行业的无缝对接。政府积极推动学校和企业的合作，共同进行办学和开展教学任务，在此领域出台了众多政策措施，很多职业院校也愿意与企业进行合作，并积极采取行动以实现这一目的，但是学校和企业之间的关系仍然是以利益为主，没有真正以一个长效合作机制维系下来，无法调动企业参与职业院校办学和教学的主动性。而混合所有制高职院校利用股份来取得企业的支持，集聚企业的力量，建立良好稳定的校企关系，从而使得高校校企合作发展到更高级的阶段。产教融合是产业与教育的“真融”“真合”，是职业教育人才链向产业链的延伸。然而，产教融合流于形式的根本归因为现代职业教育治理体系建设的错漏与不足，以及国家靶向性、精细化的政策供给尚不完善。

（三）高职教育改革发展的路径优化

随着“职教二十条”的发布，以及“双高计划”的实施，高职教育的发展已经进入以“互联网 +”“质量文化”为代表的新时代，高职教育兼具高等教育与职业教育的特性，在逐步摆脱“本科院校压缩饼干”帽子的同时，也在逐步探索与本科教育、中职教育相异的、适切当前经济发展的路径。随着“工业 4.0”“人工智能”“互联网 +”等新技术、新业态、新方略对教育的深刻影响与变革，高等教育面临“数量时代”向“质量时代”的转型与过渡。“培养什么样的高素质人才、如何兴办高质量教育”成为当代高等教育需时刻解答的问题，高职教育作为高等教育的重要构成部分，如何实现其高质量发展亦是职业教育改革的核心目标。高职教育作为最贴近产业、行业、企业，最贴近经济社会发展的一种教育类型，多元主体“实质性”参与办学、共商共策，为其实现高质量发展提供了一种优化路径。

三、理论探析：高职院校治理体系与治理能力的现代化升华

（一）构建混合所有制高职院校协同治理的理论框架与机理

混合所有制这一概念本是属于经济学领域，“从宏观角度来说，混合所有制经济的所有制结构比较多元化，既有国有、集体等公有制经济，也有个体、私营、外资等非公有制经济；从微观层面来看，混合所有制经济包含了不同所有制的经济结构，是不同性质的主体共同出资建立的”。本书基于博弈理论基础探讨混合所有制高职院校的协同治理机制，结合博弈与均衡螺旋递进的辩证过程，通过对混合所有制高职院校各治理主体之间的权责关系、内外结构、间性关系等进行梳理，以高职院校办学各利益相关者主体共谋、共商、共议、共理、共评的协同治理，充分体现混合所有制的优势，各利益相关者主体在不断的博弈中实现利益的最大化，最终实现共赢。这从理论上丰富了混合所有制理论的应用领域。

（二）尝试高职院校治理体系与治理能力现代化的理论建构

职业教育领域积极探索并运用这种新的办学体制，最主要的原因是职业教育与社会经济及产业发展有着紧密的联系。混合所有制高职院校的办学改革，从管理上实现了所有权和经营权的分离，有利于打破一元化与行政化、“官僚化”的管理方式；从师资建设上，混合所有制高职院校办学有助于双师型师资队伍的建设，从而体现职业教育作为一种类型教育的特点，有助于培养高素质技术技能人才；从办学体制上，有助于盘活社会资金，实现职业教育资源的优化配置，激发了高职院校办学活力，若教职工持股，则更能激发教职工参与办学的积极性，这些实践进而丰富和推进了现代高职院校学校制度的理论建构。

（三）创新混合所有制高职院校现代治理的研究视角与方法

区别于已有研究中从校企合作视角、多元利益相关者主体视角入手的研究，本书从参与混合所有制高职院校治理的多元关系入手，基于博弈理论、协同治理理论等视角，进行理论与实践相结合的研究设计。此外，在研究方法上，本书基于调查研究的实证分析，并以此为基础展开博弈与均衡的方法构建。本书从研究

视角和研究方法上丰富了高职院校办学治理机制的相关研究，对以后的研究具有一定的借鉴意义。

第三节　混合所有制产业学院办学存在的问题及优化策略

“中国制造 2025”“互联网 +”“大众创业、万众创新”“精准扶贫”等重大国家战略为高等职业教育培育技术技能人才提出了新要求，为应对发展挑战、顺应国家要求，教育部颁布了《高等职业教育创新发展行动计划（2015—2018 年）》（以下简称《行动计划》），这是高职战线固化改革成果、面向“十三五”改革发展的时间表、路线图。《行动计划》提出，“充分发挥市场机制作用，引导社会力量参与办学，发挥企业重要办学主体作用，探索发展股份制、混合所有制高等职业院校”。这对于新形势下我国职业教育深化改革，突破瓶颈，激发办学活力，实现创新发展具有十分重要的现实意义。然而《行动计划》虽已明确高等职业教育混合所有制办学的任务和项目，但是任务和项目的实施进度太过缓慢，这就导致高等职业教育混合所有制办学过程中仍然存在很多问题亟待解决。

一、高等职业教育混合所有制办学存在的问题

混合所有制作为一种新的办学模式，是高等职业院校相关利益主体在高度不确定的环境下的制度创新过程，不可避免地受到现有的法律、制度、政策的约束，制约着高等职业院校混合所有制的深入发展。

（一）社会资本利用渠道比较单一

现在混合所有制的有效途径一般都是校企合作，但是在校企共建模式上一般都是一个学校和一家企业进行合作，这就造成合作企业排斥其他企业或资本的介入，从而使学校吸引其他企业或者资本投资的能力不强。而一家企业的社会资本的介入根本无法满足高职院校专业发展的需要，因为企业结构的限定，使其能够作为实习实训的平台也受到限制，无法满足高职院校课程设置的需求。

（二）缺乏对应的教育政策支持

国家提出充分发挥市场机制作用，引导社会力量参与办学，发挥企业的重要办学主体作用，探索发展股份制、混合所有制高等职业院校已有多年，2015年教育部的《行动计划》明确提出了探索混合所有制院校办学，但至今未见出台操作性的政策法规，现行的教育政策法规在混合所有制办学方面基本空白。缺乏对应的教育政策支持使企业在实际参与办学过程当中束手束脚，企业真正好的资源无法与高职院校进行对接。另外，教育政策支持的缺失也使得社会公众对于混合所有制办学产生不认可和不信任，误解其身份和初衷，这也从很大程度上阻碍了混合所有制办学的良好运行和发展。

（三）校企双方办学价值目标不统一

《行动计划》明确提出“试点社会力量通过政府购买服务、委托管理等方式参与办学活力不足的公办高等职业院校改革”。因此，办学活力不足的高等职业院校引入企业参与办学的目标很明确——提升学院办学水平，为社会输送企业所需要的技术技能型人才。但大部分企业参与办学的目标也很明确——利益，利益的主要来源是学生的学费。由于价值目标不统一，校企之间就很容易产生矛盾，比如企业希望所有的学生都能顺利毕业，这样学费利益来源就能得到保证，但学校希望提升办学水平，对于没有达到学校要求的学生要予以清退。校企在这些方面很难达成共识，而且纠缠不清，使得合作往往就不能形成可持续发展，办学的效果也得不到保障。

（四）缺乏长效监督机制

采用混合所有制办学存在着学校和企业管理制度不统一甚至有时相互矛盾的问题，而造成这个问题出现的根本原因就是缺乏行之有效的长效监督机制，从而致使对混合所有制办学的高职院校缺少行政监督及社会督导。而监督机制的缺失就容易产生灰色地带和滋生教育腐败，公职人员和企业可能会沆瀣一气侵吞国有资产，导致混合所有制高职院校出现办学以及教学管理工作混乱的现象。

（五）人才流失现象严重

公办高职院校的教职工是由事业单位公开招考而来的，教职工在单位中不仅有正式的职称和编制，而且有相应的福利保障。而在混合所有制高职院校中，教职工由企业自行招聘，教职工的身份事实上是企业的员工，与企业签订劳动合同，工资由企业自行确定（工资水平低于事业编制教师），没有对应的福利保障。事业编制教师和合同制教师在管理及待遇上存在着双重标准，造成合同制教师在工作中缺乏归属感和安全感。物质和思想上的缺失使得许多合同制教师无法长期扎根学校，只是把学校作为一个暂时栖身的地方或者踏板，一有好的机会就会选择离开。这种高数量、高频次的人才流动有悖于混合所有制高职院校办学的初衷，对其教学发展会产生负面影响。

二、解决高等职业教育混合所有制办学存在问题的对策

（一）政府推动、依托行业协会促进投资多元化

政府的公信力是吸引企业的金字招牌，尤其是大型企业，有了政府的推动，就能向高等职业教育混合所有制办学注入更多的资本。行业协会是企业自愿组成并能切实代表企业利益、深受企业信任的服务性和公益性组织，有着丰富的企业资源，高职院校能够依托行业协会吸引更多的投资企业参与办学。另外，行业协会是行业内各个企业权力和利益协调、平衡的纽带，有了行业协会的协调，就能促进多方利益和权利诉求实现理性化和程序化，从而形成合力把学办好。

（二）政府出台配套教育政策支持

政府应全面加强高等职业教育混合所有制的配套政策的建设，形成比较完整的政策支持体系，明确混合所有制中各方的权利和义务，清理不适应混合所有制发展的陈规旧法，化解政策冲突，为不同性质的资本营造公平统一的政策环境。政府可以在财政、税收等方面提供多样化的政策支持，比如对参与混合所有制办学的企业用于教育的所有费用都计入企业成本，参与混合所有制办学的企业可按学生毕业实习或就业人数来获得财政补贴，对参与混合所有制办学的企业优先批准贴息贷款等。

（三）政府主导设立企业准入机制

高等职业教育混合所有制办学模式有点类似于政府的招商引资。政府的招商

引资对企业是有准入制的要求的，符合政府要求、符合政府期望的企业才能获得投资权，这样引入的企业就能很好地服务于政府，避免矛盾的产生。高等职业院校在进行引入社会力量参与办学时也应该学习设立这种准入机制，不应该盲目追求资本效益，应对企业设定相应的资质要求以及价值目标要求，将不符合高等职业院校期望的企业摒弃在外，从而帮助高等职业院校混合所有制办学达到预期的目标。

（四）建立长效监督机制

主管教育部门应组织力量制定对混合所有制高职院校的监督机制，监督机制可以是行政监督和社会监督的有机结合，由企业、民众、教育主管部门等多方面组成。监督机制可以按我国的法律法规来监督政府相关部门的政策实施，这样才能做到法律法规政策是阳光的，权力是有清单的，可以把权力关进制度的笼子里，从而防止滋生教育腐败、产生灰色地带，使混合所有制高职院校能够健康良性发展。

（五）高职院校应主导混合所有制教职工招聘并一视同仁

混合所有制高职院校应在企业招聘教师中占主导地位，招聘来的教职员工应与企业签订劳动合同。此外，还应与高职院校也签订相应的合同，使合同制教师有认同感和归属感。同时在管理上，高职院校应将合同制教师一同纳入教师队伍建设，把合同制教师视为教师队伍不可或缺的一部分，充分尊重他们的权利，给予他们生活上的关怀，在职称评定、职位晋升和福利待遇方面应与事业编制教师一视同仁，把学校文化渗透到合同制教师中去，树立共同的价值观。只有这样才能充分调动合同制教师的积极性，发挥其责任感和主人翁意识，才能保障高等职业院校混合所有制办学的质量和连续性。

混合所有制是高职院校创新发展的新的突破口，其所有制的组成形式会越来越丰富多样，需要解决的问题也会越来越多。随着国家在这方面越来越看重，政府和教育部门更多地参与进来，高等职业教育所有制办学模式也将会越来越成熟，终将成为高职院校的主流办学模式，未来可期。

第四章　职业院校专业教师培养和选聘机制研究

第一节　师资队伍培养体系建设及其校企合作机制的分析

一、校企合作背景下高职师资队伍建设面临的主要问题

（一）教师准入标准不规范，难体现“双师型”特点

目前，我国《中华人民共和国教师法》《教师资格条例》《〈教师资格条例〉实施办法》等相关法律、法规对职业学校的教师资格条件和职业学校的要求都不相同，没有制定职业教育师资的统一标准。由于职业资格缺乏明确、统一的规范，导致目前高职院校的师资队伍仍然以大学毕业生为主，而要把具有实际工作经验的高技术人员引进到一线较难，该问题已成为当前高校在校企合作大环境下“双师型”师资队伍建设的重要瓶颈。

（二）招聘师资的灵活性不足，很难吸引高技术企业的人才

在公开招聘中，出现了3个问题：一是大多数地方公开招聘的笔试形式单一，考试内容缺乏专业性，致使一些具有较高动手能力、具有一定实践经验的人才因笔试成绩不佳而未能进入面试环节；二是受区域和校际差距的影响，一些高校，尤其是在西部欠发达地区，一些稀缺专业因报名人数不足而连续多年没有招聘到一名专业老师，而一些优秀人才虽然符合学校选聘教师的条件，但由于开考比例或面试比例的限制，无法进入高职教师行列；三是大部分高等职业学校的人才引进仍由人力资源管理机构严格控制，具体表现为限制条件多、人员配置不灵活、

办学自主权偏低。在学校和企业合作的大背景下，教师选拔过程中各个部门的不协调和不合作已成为制约“双师型”师资的体制因素。

（三）兼职师资队伍不稳定，企业很难开展教育工作

在高职院校中，兼职教师所占比重相对较大，但其存在的问题是，兼职师资的稳定性很差。

主要表现在5个方面：一是缺乏政府的引导和政策保障；二是缺乏企业的积极性；三是缺乏对职工兼职的支持；四是企业工作任务频繁变动、人员流动性大，造成兼职教师频繁换岗、经常中断教学任务，影响了教学工作的正常进行；五是由于校方对企业和企业的专业技术人员的激励作用比较小，很难吸引到企业的技术人员、能工巧匠到学校兼职。在校企合作的大背景下，“双师型”师资队伍的发展受到体制上的制约。

（四）师资培训不够专业，教学质量不能得到保证

在高职院校师资队伍建设中，专业实习与实务能力的培养是一大“短板”。当前，我国高职院校师资培训存在三大问题：第一，师资队伍的实习机制不健全。现行的国家关于高职教育实习的法律法规和政策，既没有强制性，又缺少可操作性，难以实施，加上学校的执行力度不足，导致了相关的政策无效。第二，教师缺少发展计划，没有充分认识到企业实习的重要意义。参加培训的老师大多是为了提升自己的职务。第三，教师的创业实践手段不够完善。一是高职院校经费不足、师资不足，在某种程度上制约了高职院校教师的参与；二是学校与企业之间缺乏有效的协作关系，学校需要教师具有一定的企业实习经验，但不能满足相应的实习岗位需要；三是师资队伍的专业素质标准不够完善，实习考核不规范。当前高职教育师资培训体制不适应“双师型”师资队伍在校企合作中的专业化发展。

（五）教师评估缺少导向，实践活动的积极性难以推动

除了激发企业的主动性，校企合作也应重视提高教师的服务意识。目前，国内许多省、自治区、直辖市还在继续实行统一的职称评定制度，没有对高职院校和普通高等学校的教师分开进行专业技术职务评聘。在评价条件上，由于忽视了高职教师的特殊能力需求，过于重视教师的学历、论文的数量和质量，在解决企

业技术难题、参与企业技术研发、建设校内外实训基地、校企合作开发高职特色教材等方面关注不够，无形中引导高职教师按照普通大学教师的业务发展方向去努力，这种导向显然与高职教育对专业教师素质能力的要求相悖。虽然教育部已经发布了《中等职业学校教师专业标准（试行）》，但是目前还没有出台相关的教师专业标准，这对进一步明确高职院校教师的基本素质要求，严格教师培养、培训、考核等工作环节，并规范教师的教育教学活动产生不利影响。

二、校企合作背景下高职师资队伍建设的对策建议

（一）制定职业资格认定体系

根据我国高等职业技术学院的发展现状，以及校企合作的需求，制定职业资格制度。例如，专任教师必须具有一般的教学规范和专业规范，而专业规范又包括专业知识、专业实践。专业知识的掌握主要是根据专业的教育背景，需要教师具有硕士或更高的学位资质；专业实践主要是在企业中的实际工作经验，具有三年以上的企业从业经验。这种由国家统一制定的行业准入制度，一方面可以对职业院校师资队伍进行规范，同时也可以对教师的考核体系进行规范；另一方面对理论与实践的整合教学能力的培养，使经过企业培训的教师能够更好地理解公司的经营行为，掌握公司文化的精华，提高员工的实际操作技能。

（二）建立多部门协作，扩大职业院校招聘工作的途径

企业在选择合作的高职院校时，要充分发挥高职特色，采取多种形式的人才引进方式，保证具有一定科研能力和实践技能的人才充实到高职师资队伍中来。因此，人力资源部、教育部等有关部门要进一步了解职业技术学院的人才需要，在用人上赋予高校一定的自主性，对企业、学校的人才流动给予政策支持，建立健全高技能人才柔性引进机制，制定优惠引进人才政策。高等职业技术学院要坚持“不为一切，只求为己用”的用人思想，采取灵活多样的工作方法，使人力资源得到极大程度的优化和有效的使用。

（三）加强校企合作，建立兼职师资库

为了使高校兼职师资队伍得到稳定，需要国家给予财政、政策上的支持，促进高校与企业建立兼职师资库。企业和学校要积极合作，从专业和技术人员中挑

选出最好的人员和工匠，建立起一套行之有效的激励机制，以鼓励他们主动承担和参加学校的科研活动。学校与企业联合开展对兼职教师的聘期评估，制定激励措施，对有突出贡献的优秀兼职教师进行奖励，对不愿承担或无力承担相关教学与专业建设的技术人员进行动态调整，并持续优化师资队伍。

（四）加强职业技术教育的系统性规划

国家应该通过法律的形式来规范“政、企、校、师”的行为。在省级一级，可以整合资源，组建高职院校师资队伍，对其进行科学的指导和规划。在校企合作方面，学校和企业通过在企业设立“教师企业工作站”“名师工作室”“科技研发中心”等形式，让教师承担企业的具体工作任务和项目，并将企业的锻炼内容融入其中。在“教师企业工作站”等平台上，可以实行“专业领导＋企业专家”的双负责人制度，校企在政策和资金上要给予一定的扶持。

（五）深化高职院校师资评估与评估体制的改革与创新

教育主管部门要制定专门的职业技术职称评审制度，以提高职业技术职称的实践性。同时，应尽早制定《高等职业院校教师专业标准》，从专业知识、专业发展能力、技术开发创新能力、教学与工作绩效四个维度来建立评价体系，突出教师在实际工作中的实际经验和能力。

高等职业学校要根据自己的特点制定相应的业绩考核指标，合理制定“双师型”教师的绩效薪酬标准。同时，针对技能人才的实际需求，设立“特聘教授”“特聘技师”等校内特殊岗位，学校可以根据应聘者的实际贡献和相关规定，自行决定其职务。

第二节 职业教育“双师型”教师选聘模式的转变

《国家职业教育改革实施方案》（以下简称《方案》）于2019年2月13日发布，旨在加强高职院校“双师型”师资队伍的建设。高职教育的改革，就是全面提高高职人才的综合素质，提高高职院校的教学质量和教学水平。“双师型”师资的规范化任用模式是高职院校改革的一个新的突破口。

在新的经济发展时期，面对着工业和经济结构的转型，高职教育作为一支重要的经济发展力量，也面临着前所未有的挑战。高职院校的毕业生是否能够适应新的历史任务，其核心问题是培养优秀的教师。目前，高职院校的招生规模不断扩大，提高高职院校的教学质量已成为当务之急。

一、《方案》印发的历史契机

《方案》于2019年2月13日发布，是提出“双师型”教师教育理念实施的第25年，“一带一路”倡议实施的第6年，“中国制造2025”发布的第4年，德国“工业4.0”实施的第5年。

（一）“双师型”教师理论与《方案》的印发

经过25年的“双师型”教师理论的提出和实施，我国已形成了较为完善的师资制度，为今后高职院校的师资选拔工作奠定了坚实的基础。《方案》提出，在专业教学中，“双师型”师资比例要超过50%。这就意味着当前高职教育仍然要按照培养对象的要求，选择大批“双师型”的师资，从而进一步深化教学体制改革，提高教学质量。

（二）将《方案》与“中国制造2025”、“一带一路”倡议、德国“工业4.0”等结合发展

“一带一路”倡议是我国提出的国际合作倡议，“中国制造2025”是中国制造业发展的重要标志。德国“工业4.0”是我国参与的一项重要国际合作项目，它涵盖了我国国内发展、国际合作、国际交流三个方面的需要，对我国高职教育的发展具有重要的历史意义。“一带一路”倡议、“中国制造2025”、德国“工业4.0”等战略相继出台，都是面向社会的需要，对高职教育的发展模式提出了更高的要求。我们可以看到，许多国家的战略方针都指向了高职教育的庞大的人才需求。在《方案》的指导下，根据需要制定出适合高职教育的发展方向后，高职院校的师资选拔和培养能否符合《方案》的要求，成为高职院校面临的一个新问题。

（三）关于“双师型”师资的起源

本书所论述的“双师型”师资是高职院校在特殊专业背景下的师资队伍。20世纪80年代中期，随着高职院校对师资的需求，出现了“双师型”师资的理念。

为了在教育中强化实习技能的比例，促进高职教育将实习与理论课相融合，国家在官方的文件中也多次提到要开展“双师型”的高职教育。1995年，国家教育部发布了《关于开展建设示范性职业大学工作的通知》。这是我国第一次从政策层面上引入“双师型”师资理念，这表明了对“双师型”师资的研究已经进入了一种新的国家战略层面，开启了对“双师型”师资的全方位、多角度的探索。

自那以后，在推动职业教育、职业院校改革、加强教师培训等有关政策中，“双师型”教师的理念不断被提出和得到发展。为了将“双师型”师资队伍与其他类型的师资队伍区分开来，2004年，国家教育部在《高职高专院校人才培养工作水平评估方案（试行）》中就“双师型”师资进行了详细的阐述，明确了“双师型”师资队伍是指具备师资和专业技能的师资队伍。2006年，教育部和财政部发布了《关于做好2006年度国家示范性高等职业院校建设计划项目申报工作的通知》。“双师型”的教师观念虽然提出时间还很短，但它充分反映了在当前高职高专院校发展的形势下，我们迫切需要加强高职院校的师资队伍的科学化，同时也是我们高职院校的发展思想。

（四）关于“双师型”师资队伍建设

要从多维度角度寻找“双师型”师资的构建途径，必须从认识其渊源入手，进一步探究其内涵和判断的依据。当前，“双师型”的教师在国内尚无一个明确而又具有科学性的定义。根据作者的资料，“双师型”教师的内容有如下7种不同的解释。第一，所谓的“双职称”理论，即“双师型”的师资应该兼顾师资和技术职务，包括会计师、律师、工程师或高级工程师等工程师的专业资格。第二，“双证书”理论，它主张“双师型”的师资队伍必须具备两个证书：一是具有专业技术职称的教师资格证书，二是具有专业技术职称的技能证书。第三，“双能力”理论，即“双师型”的教师应具有一定的理论知识和实际技能。第四，“双素质”理论，即“双师型”的师资应该具备当前的教学质量水平和特定的专业知识。第五，“双层次”理论，它把“双师型”的教学分为“传道授业”和“树人树德”两个层面。第六，“双重证明＋双重能力”理论，即“双证”与“双能”是“双师型”师资必须具备的条件，“双证”是其表现或延伸，“双能”是其内容或内涵，两者都是必须具备的。第七，“特定说”理论，它主张只有在高职院校强调理论而忽视实践的特定环境下，“双师型”的教学模式才具有一定的现实价值。

虽然以上这些看法都是对“双师型”师资的含义进行了多方面的阐释，但也可以看出，在“双师型”师资队伍建设方面，我们需要有哪些共同的需求。“双师型”教师并不仅仅是一个具有双重职业资格的老师，还是一个具有双重证书的老师。要理解“双师型”师资的含义，就必须对“双师型”师资提出的背景、培养要求和实施的准则有一个较完整的认识。笔者所提出的“双师型”的师资队伍，是指在教育、教学中，能把自己的专业知识与实际工作相融合，具备高素质、熟练掌握知识、技能传授、指导等技能的高职院校的师资队伍。关于“双师型”教师的内涵，可以从两个层面进行理解，即从整体培养的角度来考虑，要重视“双师”的结构，确保“双师型”教师队伍的数量稳定；就教师个人来说，要提高“双师”质量，以打好学生的基本素养为根基，并不断充实自己的专业理论。近年来，随着对“双师型”教师含义的理解不断深化，高职教师的素质得到了很大的提高，但目前还没有形成一个统一的、可操作性的“双师型”教师评价标准、准入制度、培养培训机制和考核体系，使得“双师型”师资队伍的发展至今还不能适应高职教育的发展，还有待进一步探索。

二、“双师型”教师队伍的发展现状

高职院校在不断地进行着自身的改革与发展，逐步走向了成熟，具有较强的社会适应能力，这得益于高校与企业的良好运作以及“双师型”师资的积极构建。

（一）引入“双师型”兼职师资的主要途径是校企合作

在高职院校中，校企间的协作关系呈现出一种“双师型”的格局，即“协作”的办学形式，企业既为高职院校提供了大量的实习和培训工作，又为高职院校输送了一批“双师型”的师资队伍。十余年来，我国大部分高职高专“双师型”师资的培养已初见成效。

（二）在高职院校师资中，“双师型”师资已逐步形成

自 1995 年“双师型”理念被提出以来，到 21 世纪初高职院校师资队伍的“双师型”师资已逐渐形成，并逐渐形成了新时期高职院校师资队伍的发展趋势，高职院校专业技术人员的培养方式越来越系统化、越来越多样化，“双师型”高职

院校的师资队伍已逐步形成。

目前，高职院校的师资结构主要包括全职和兼职。全职以教授理论（文化）为主。而兼职的教师包括两种，一种是由学校的教职员工或其他老师担任的；另一种是根据需要聘请业界专家担任专业老师，可减少由学校老师到公司学习所造成的大量费用。高职生的年龄、心理特征决定了高职院校的师资水平，因此必须对教师进行全方位的培养，高职高专师资中的“专兼结合”与实践并重是高职高专师资的重要组成部分。随着《方案》的不断深化，传统“双师型”的师资队伍也出现了与经济发展、行业转型不匹配的窘境，学校迫切需要具备较强的专业技术素质和独立创造能力的“双师型”师资队伍。

三、“双师型”教师选聘模式的转变

“双师型”高职院校的师资队伍在教学中要具有很强的专业素质和综合素质，目前我国已初步呈现出一种复合性“多师”的教学格局。在此基础上，必须弄清高职师资队伍的发展状况和新的教学需求，并根据《方案》的规定，改变现有的师资选拔模式。《方案》提出要加强校企间的深入协作，加强对社会的高度整合，使高职教育的发展模式出现新的变革。同时，要适度扩大招聘规模，提高“双师型”师资选拔条件中的素质要求。《方案》规定，增加实训项目在全部项目中的比例。高职院校实践课程比例要提高至课程总数的一半，在课程中实践，在实践中进行弥补。在学生的教育中，教师必须具有多种职业素质，除了其基本的专业技术之外，还要具有相应的其他素质，比如专门的语言和相应的法学知识。借鉴《方案》，确立和完善高校师资选拔标准，高职院校要对现有的教师选拔方法进行改革，构建“双师型”规范化的任用机制，并提高教师的准入门槛。可以从三个角度来看。

（一）加强职业技能

“双师型”的师资队伍要具有良好的理论知识和实际操作技能。部分兼职老师虽然有一定的理论基础，但是在实际操作上却缺乏经验；另外一些老师虽然实践经验丰富，但是在理论上还没有得到充分的发展。这两种类型的老师要做到取长补短：以实习教学为主的兼职老师要做好实习，给学生创造良好的实习条件，丰富他们的理论，帮助他们掌握产业的最前沿的技术；以理论班为主体的兼职老师，要将最尖端的理论传授到学员身上，让他们有更多的思考与发展的余地，更多地接触到实际操作，掌握产业发展的趋势。最后，二者均可实现从单纯的教学到生产与教学相结合的转变。《方案》规定，超过一半的“双师型”师资，必须充分利用师资力量，并能适应社会发展的需要，为高职教育提供持续的动力。

全职老师一般是指高职院校现有的专业师资，其招聘途径一般为应届、往届硕博毕业生或同级高校的毕业生，他们具有较强的科学研究和理论基础，但与兼职老师相比，实际工作经验较少。这些老师具有较好的可塑性，在进入高职后经过教育培训，可以成为“双师型”的教师。《方案》所制定的新的教育管理规范，大部分都要交给这些老师来实施。高职院校的专职师资队伍是高职高专的骨干，他们的专业发展与高职教育息息相关。2018 年 12 月 26 日，国家劳动和社会保障局发布了若干行业的职业技术规范，并对技术骨干（初级 / 中级技术人员）进行了调查研究。高职院校的师资要积极发挥作用，提高其求知意识，要意识到高职院校的高级专业技术人员也必须具有科学研究的能力。为此，高职高专急需一批具有一定数量的流动性专业师资，为培养更好的毕业生提供专业的科研教学。

（二）提高全面素质

面对日益增强的国际协作机会，高职师生必须坚持终身教育的思想，以求在新形势下更好地适应新的发展。“1+X”认证体系的试点工作已经开始，学员不但要根据培训计划和实际要求完成培训内容，还必须具备该领域内的各种职业资质。目前，高职院校的“双师型”传统师资队伍已经难以胜任工作，应该尽快培养出一批经过不断学习与锻炼、以实现“1+X 证书”的“双师型”师资队伍。高职院校教师的全面素质表现在其专业能力的多样性上，高职院校教师的综合素质还表现在其思想上，应对学生产生正面的影响，要求教师自身的知识渊博、眼界宽阔，并能指导其终身学习。

（三）具备全球化视野

新时代我国高职院校培养人才的目的已不再局限于培养技术人才，而是要培养出一批优秀的人才，在国内发展、国际合作和国际交流中发挥重要作用。在国内外开展专业技术培训、对外经济合作中，把这些高级技术人才推向国际已成为必然趋势。提高教育和课程的国际化程度，必须从提高教师的国际化素质入手。要使实训课程不断更新，必须掌握本学科与专业发展的最新趋势，并随时为学员提供基本的理论知识。聘请全职人员要遵循国际化的理念，对具有海外专业技术工作经验和在海外从事技术工作的人员，适当降低其学历、年龄、专业条件，确保准确地为我国的国际合作项目提供专业技术人员。在考核的尺度上，要重视短期培训与交换，不能将其视为选拔的评估指标，从而保证其选拔的品质。

四、“双师型”教师选聘模式转变的解读

高职院校“双师型”师资选拔方式的转换是一种动态的、相互影响的过程。

“双师型”教师可分成三大类型，分别是以理论性教学为主的高校兼职教师、注重实践教学的校企联合中的兼职教师和以各种途径录用于高职院校的专职教师。除了所负责的课程之外，这三种类型的教师与全职教师的相互影响是渗透在整个教育进程中的，并共同建立起一种相互沟通的有机联系。

为了区别这三种类型的教师，把以实践性教学为主、具有指导性的校企合作型教师称为“兼 1 指导”教师，将以强调在所教学科中的理论教学为主导的教师称为“兼 2 引领”教师。全职教师是贯穿高职教学全流程的，他们对高职院校的发展具有全面的调节功能，被称为“专职调控”教师。各种类型的教师都能充分利用自己的优势、发展自己的特点，相互结合，学校要充分利用“兼 1 指导”“兼 2 引领”和“专职调控”等多种功能。在选择全职师资时，除了要增加以上所提及的标准之外，还要从基础的需求出发，将新老师引导到合资公司工作，并要求他们在一定时间内完成任务，这样可以为新老师积累工作经验；将有国外工作经验的新老师安排到本地公司工作，这样不仅可以解决实习生的问题，还可以为新老师的培养创造条件。

由于兼职教师具备较高的理论和实际操作技能，所以，培养更高水平的学生离不开一支强大的兼职师资队伍。促进“双师型”师资队伍的综合素质，有利于

培养学生的专业技能和职业技能。

全职与兼职的教师之间存在着一种良好的交互作用。全职老师可与外派老师合作，及时了解外派人员的发展趋势，以方便外派人员根据需要做出适当的安排。在工作中，二者可以互相协作，可以使双方的职业技能更上一层楼。

第三节 职业院校专业教师队伍建设的制度创新

近几年，根据《国家职业教育改革实施方案》《深化新时代职业教育“双师型”教师队伍建设改革实施方案》《全国职业院校教师教学创新团队建设方案》《职业教育提质培优行动计划（2020—2023年）》《关于推动现代职业教育高质量发展的意见》5项关系到高职人才培养工作的重大举措，结合部省共建高职教育的新发展高地，坚持以制度和机制改革为主线，着力构建“双师型”的高职人才培养体系。

一、加强顶层设计，整体规划职教师资队伍建设目标和实现路径

2019年，江西省按照《国家职业教育改革实施方案》的相关规定，按照全省的具体情况，制定了《江西省职业教育改革实施方案》。

（一）确立了建设的主要目标

“双师型”师资队伍在2022年内已占全国高校师资总量的50%。

（二）对聘用的条件进行了改进

一是按规定向社会公开聘用有3年以上企业从业经验的大专以上学历的从业人员，对有专门技术的人才，可适当降低其学历条件，并准予其在职后取得资格证书。二是对高职高专毕业生可以采用直接考核的形式进行招聘。三是高职高专院校按照有关要求，聘请在技术竞赛中表现突出的技术人才作为专职师资。四是要完善高职高专教师聘用制度，促进高技能人才与教师的双向流动，使企业的经营人员、技术人员与学校领导、骨干教师相互交流。

（三）健全教育和训练体系

建成全省“双师型”师资培育和培训中心20个。高职院校的师资队伍，每

年在公司或实习场所进行一次培训，实行5年一次的全员培训。定期安排高职高专的骨干教师出国进修。

（四）将“双师型”教师作为中坚力量的模范

培育一支全国高职院校师资队伍，打造一支具有全国特色的高职院校师资队伍。

（五）提高工资和福利待遇

高职高专在校企合作、技术服务、社会培训、自办企业等方面取得的收益中，可以按一定的比例抽取一部分作为各部门和各项目参加人员的绩效报酬。在高职高专办企业中，对于引入企业的顶尖人才或具备实际创造能力的管理专家、科技人才和技能人才，可根据企业工资标准或按项目工资和年薪制进行合理的工资分配。

二、创制地方标准，率先开展省级“双师型”教师认定工作

“双师型”作为反映我国高职院校性质特征的一个重要标志，已经被作为衡量高职院校的办学质量和师资队伍建设的首要目标。但是，“双师型”在我国学术界却很少有明确的、权威的定义。在我国，高职院校实行政府统筹、分级管理、地方政府主导、社会参与的管理体系，由省人民政府负责统筹规划、综合协调、宏观管理责任。“双师型”师资的考核标准是省级教育行政主管部门制定的，相应的鉴定与管理工作将有助于统筹区域发展的差异性，在强化其规范性、科学性的同时，又能兼顾到适用性和可操作性。

江西省是全国率先试点“双师型”的省，2011年和2018年先后出台了“双师型”职业学校和高职院校的鉴定方法和标准，《国家职业教育改革实施方案》和《江西省高等职业院校“双师型”教师认定标准》，对高职“双师型”师资的规范化工作进行了落实。这两项认定标准的出台和改进，使《国家职业教育改革实施方案》关于“双师型”师资的建设更加细化，从“双师型”师资队伍的角度提出了“江西方案”，解决了由于对师资培养的不同评价标准造成的评价失真、操作混乱、导向错误等问题。

三、聚焦关键问题，突破业界优秀人才担任专业教师的制度藩篱

根据《教育部　江西省人民政府关于整省推进职业教育综合改革提质创优的意见》，为解决全省职校师资资源不足、师资质量低的“老大难”问题，本书建议从拥有相应行业技术资格证书的毕业生、职业技术师范学院专业学生、具有3年以上企业工作经验并具有高职以上学历的人员这几个渠道招聘专业教师。专业师资由行业内的杰出人士担任，由公司进行直接考核。在实践中，高职院校引入业内精英时，“编制”是一个关键环节。为解决高职高专引进高技术领军人才的“瓶颈”问题，省委编办、省人社厅、省财政厅、省教育厅等部门在2021年联合下发了《关于支持省属职业院校建立高技能领军人才编制等有关事项的通知》，从编制、岗设、职称、薪酬、考核等方面建立高技能领军人才或是博士学历人员引进绿色通道。《关于支持省属职业院校引进高技能领军人才编制等有关事项的通知》明确，要做好江西省高职高专毕业生的引进工作，对高技术领军人员的引进，可以直接办理入职手续；对于短缺人才的引进，可以采用“周转池”进行过渡。

四、完善配套政策，激发“双师型”教师队伍建设的内生动力

在国家的政策引导、地方政府的大力支持下，特别是在确定了高职教育项目申报、评价、改革试点等重要的前提下，高职教育必须主动出台相关政策，优化自身内部的组织能力，加快专业教师队伍的成长。

笔者根据现场调查和采访收集的数据，认为高职院校制定的教师培养制度，可以按职能划分为激励型、保障型和约束型。激励型政策是指对被评定为“双师型”的教师给予一次性奖励、提高课时费、在晋升过程中给予更优的待遇。以江西省丰城中学为例，学校给予省级“双师型”职称的教师600元的一次性奖金。保障型的政策内容有：对教师进行各种层次的培训，提供相应的时间和资金；与相关公司保持长久的、稳定的合作，组织教师参加公司实习。以江西机电职业技术学院为例，学校设立了“教师创业实习基地”，以提高教师的产业文化素养、专业技能、实习教学水平。而约束型的政策，是把“双师型”的教学模式设置在教师的职称提升和教学中。

第四节　职业院校专业教师培养和选聘机制改革创新的建议

建立高校和高职院校的"互聘"是解决"全能教师"配置困难的重要举措。将高职教育急需的管理人员、专家、能工巧匠、技术人员等"引"到高职院校，使拥有丰富教学经验的高职教师"走"出来，使校企人员的工作经历得到全面的交换和整合，进一步加深了对知识和技术的认识，提升了知识和技能的层次，加强了与高职教育的联系，建立了企业与高职院校的互聘平台，实现了资源共享，校企共培。

建立校企互聘机构是政府、企业、职业院校三方面的一项基本任务，需要政府、企业、职业院校三方面的力量来构建和协调。

一、政府：保障引导

（一）国家主导

在我国，各级政府机关的行政权一直是促进高职院校发展的强大动力。在高校和高职教育机构中，构建"双向聘用"的"双师型"师资队伍，完善"两个师"机制，并在相应的政策支持下，逐步形成政府引导、行业参与、社会支持的合力，共同搭建起企业与职业院校教师互聘的共享平台。当前，国务院关于高职教育的《全国高职院校教育教学质量体系》文件，又一次明确指出，要发挥高校的优势，健全学校内部的技术人员与职业院校的领导、学科带头教师等互兼互聘的制度。国家根据自己的权力，要求企业的专业人士在高职院校工作，并接受高职教育，国家也会提供一定的支持，以充分发挥公司员工的工作热情，提高公司的稳定性。

（二）政策支助

要实现政府职能的转换，必须从加强高校与高职教师交流平台建设和发展入手，以当地政府、教育管理机关为榜样。要从政策上进行指导、激励，从资金上扶持，从体制上保障，为高职院校的师资培训机构建立起一个有利的机制。本书提出：要加强对技术人员的激励和保证，加强对技术人员的支持力度。通过建立健全的师资培训体系，促进高校毕业生到高职院校实习，使其担负起相应的社会责任，并给予学校有关的税务优惠，以激发学校参与校企合作的积极性。还应强化对高职院校的管理和评估，构建和健全高职院校教学质量评估体系。

二、企业：主动参与

（一）标准化的管理制度

企业应按照有关教育法律、法规、规章制度和校企互聘平台中心的管理规定，指导各单位和高职院校的师资培训机构的正常运转。在《企业兼职教师管理办法》《校企合作管理章程》《校企教师互聘中心运行条例》等法规指导下，企业已与高职院校建立了战略合作关系。根据企业管理体制和职业技术学院的具体情况，制定并执行校企互聘平台的日常运行、管理、评价和激励等工作。企业兼职教师的教学管理、考核与奖励体系应参照高职教育管理体制，依据其教学任务和教学进度，制定并实行教学管理、考核和奖励机制。参照企业的管理体制，结合企业的实际工作状况，结合高职教育的实际，制定科学有效的考核与奖励体系。

（二）设立奖励办法

1. 改善公司非全时雇员的福利

马斯洛的需求层次理论把人的需求划分为五个层面：生理需求、安全需求、社交需求、尊重需求、自我实现需求。第一个层面是生理需求，即吃穿住行。从这一点来看，公司是一个以营利为目的的单位，它的雇员可以说是以“生理层次”为基础的。所以，在企业中选择适当的工作人员时，要考虑到他们的工资。在完成企业本职工作及互聘中心兼职工作后，各单位与专业学校要协商一致，提供食宿、生活等方面的补助。适当增加兼职人员的薪酬，可以激发他们的工作热情，同时也可以对现有的教师队伍进行及时的补充。

2. 制订员工分级激励计划

虽然企业中的员工都需要参与到校企合作中进行兼职，但每个职位的工作内容和工作量都不一样，比如有些技术人员可以在职业院校里学习，有些人可以在职业院校里担任某个专业的领导，有些公司的管理者还可以从事职业院校的专业建设研究……所以，从投入和收益的比例上来说，不同的工作内容和工作量应该分成几个层次。因此，企业必须对此予以关注，并针对不同的职位，制定相应的工资标准。

（三）树立互相尊重的观念

企业与职业院校应妥善处理好企业、职工、职业院校、教师四个方面的关系，协调发展，实现互利共赢。企业、行业要充分了解高职院校的师资力量，这些教师在企业技术改造、技术指导、技术攻关中起着举足轻重的作用。同时，职业院校也应充分认识到聘用企业兼职人员对于促进职业教育发展、提高学生知识素质的重要意义。首先，构建了一个稳定的校企资源库，确保了企业和学校的人员比例，加强了企业的归属感，并形成了自己的团队。其次，要强化对职工的管理，鼓励有条件的职工积极参加校企互聘，同时也欢迎职业院校的老师到企业实习。在培训过程中，既要从员工的需要出发，也要从高职教师的需要出发。建立互相尊重的观念，并按照高职院校的实际情况，合理安排适合他们的工作岗位，并将其纳入企业的设计和实施中。从基本的专业知识和实践经验入手，多听取他们的意见和建议。最后，加强人文关怀。公司内部应设有独立的办公室和休息室，为前来兼职或培训的职业院校的老师提供计算机和其他办公设施。从某种意义上来说，这样做可以改变职业学校教师在企业中不被重视的现状，使其获得更多的尊敬和归属感。

（四）推进高职院校多样化办学模式建设

各高校要充分利用自己的优势，实现双赢，多层次、多领域、全方位地进行合作。

部分社会企业可以通过根据各自的优势与高职院校的合作，加强交流，对自己企业的产业人才现状进行分析，并结合高职院校的专业技术缺口，鼓励优秀的企业、行业人员到高职院校授课，为职业院校师资队伍的充实和专业建设的优化提供支持。例如，北京大学有一些曾在国外学习、科研、工作、短期访问的使节团、老师等，会在国外的同行中物色合适的人才来学校或者企业中工作，也有一些兼职专家，通过不同的途径，到学校交流，了解学生的专业水平和教学能力。还有就是河海大学的合作发展委员会，与国内的水利部门有着紧密的联系，以此为纽带，将一些高素质的专业人士纳入其中。

三、职业院校：大力支持

从专业技术人才中选拔出适合高职教育的人才，对于提高高职教育的教学质量、提高高职教育的竞争力，培养出高水平、高素质的专业技术人才具有十分重要的意义。职业院校应根据自身的发展需要，不再为追求填补生师比例不足而盲目聘用兼职教师，而是在保持生师比例满足教学内容的情况下，坚持提高职业院校教师的专业技术技能实践水平，让职业院校教师“走出去”到企业实习、进修。同时，要把高等职业技术人才“引进来”，让他们在实践中真正发挥自己的专业技术水平优势，积极参与职业技术培训，提高职业技术水平。

高等职业院校要充分发挥互聘平台，互相学习，提高技能，达到双赢，使学生在实习中掌握自己的专业技能。

（一）实施“校企结合”，以促进学校发展

黄炎培认为，职业学校应该是双手万能、手脑并用、读书兼用。因此，高职院校要积极探索“校企结合”的新模式，以提高实训的针对性、有效性和实效性。高职院校要积极推行实训，确保学生人数的二分之一能够积极参加实训，充分运用所需要的专业知识，组织学生进行半年以上的工作实习。加强专兼职师资队伍建设，根据专兼职师资队伍的发展阶段特点，坚持以培养对象的素质能力要求为出发点、以实际工作需要为落脚点，组织研讨制订并实施人才培养方案。应从以下几个方面入手，即把握高职教育的发展方向、改革教育内容、推行多样化的实施模式、创新评价与考评制度。要把《教育大纲》纳入高职教育教学大纲，加强教师培训教材的编写。要大力推进教学方式的变革，强化问题导向，增强学生的主体性，以增强课堂教学的有效性。同时，要积极推动以竞赛促学，并在新的专业教师中设立新的教学技术示范，以提高学生的学习水平。

（二）教师的道德与艺术

教师肩负着传播知识、传播思想、传播真理的使命，肩负着塑造灵魂、塑造生命、塑造人的时代使命。要加强干部和教师的理想信念教育，用习近平新时代中国特色社会主义思想武装广大教师和干部。教师要时刻提醒自己：以德为本、

以德为学、以德施教、以德行为基础，力求做“四有”的好教师，将毕生的心血倾注于教育之中。要坚持“师道为本”的办学理念，加强职业院校与校企的联合办学，加强思想政治教育，引导广大专职教师树立正确的历史观、民族观、国家观、文化观，努力把学生培养成为中国特色社会主义事业的接班人。

（三）改革职业和全面的人事管理系统

没有规矩，就不成方圆。任用和管理兼职老师，一定要有规矩，要有条不紊地进行，才能打破当前的局面。

在此背景下，要正确处理全职教师与兼职教师的矛盾，二者应做到互相尊重、交流合作、团结协作。对兼职教师，学校做到要公平对待。要打破“身份认同”与“制度支持”的矛盾，要明确“教师资格”的概念，确保受聘主体的合法性。相关教育行政机关、职业院校，可以根据《中华人民共和国教师法》《教师资格条例》等相关法规，制定一套完善的“兼职教师制度”，从制度、法规等方面保障教师的合法权益，为高职院校的行政管理工作提供保障。同时，制定严格统一的政策和规章，防止出现各种乱象。在此基础上，形成一支高质量和标准化的教师队伍。如何改进高职教育的用人与管理模式，使之与高职教育、教学相结合，更好地与社会接轨，是当前高职教育面临的一个重要问题。

（四）改革教师的聘用管理制度，加强对工作人员的保护

高等职业院校应从专业发展需求、专业课程改革、提高实训教学质量等几个方面着手，围绕培养和培训实训人员的具体工作，制订专业教师培训方案，合理分配专业工作任务，确保按需录用。聘用具备一定实际操作技能的兼职教师。加强高校兼职教师队伍建设，严格落实“校企合作机制”，聘用高素质的企业兼职师资队伍，健全师资队伍，不断改进人才队伍结构，不断提高高职教育教学水平。当前，我国高校人事制度和薪酬体系改革的重点是发挥高校自主招生优势，并借鉴近几年我国高校改革的成功经验和成果，进一步深化高职专兼职教师人事制度改革，积极探索实行职业院校人员总量管理，并推动职业院校兼职教师职称制度改革。高职院校应根据其培养特点，自主选择、自主评聘、自主考核。我国高等职业技术院校应逐步下放权力，提高其工资总额，从而实现对整个院校工资分配

的自主决策。

高等职业技术学院的招聘与管理工作应具有以下特点：第一，高层次的教育。强化高校兼职教师职业资格，强化法律保障，提高其社会公众影响力。第二，能人异士。当前，我国的教育现代化与教育强国的建设刻不容缓。因此，必须加强职业技术人才的培训，以提高职业技术人才的素质。第三，有严格的标准。要为社会团体的兼职教师确定入职条件，要从优秀的企业中吸收优秀的人才，培养更好的、更专业的教师，以做好自己满意的教育。第四，丰厚的待遇。为增强对兼职教师的吸引力，公司与高职院校应该结合实际，制定相应的措施，以推动兼职教师队伍的发展，构建长效、稳定的工作机制。

（五）按照事实来合理调整非专职教师的数量

高职院校应该按照教育部相关文件，做好“双师型”教师的任用和自由选聘工作。

目前，我国高等职业技术学院的发展与地方经济发展有着密切的关系，而且在全国范围内，兼职教师的培养与当地经济的发展有着密切的关系。不同区域的社会生产力、发展水平不同，产业结构、规模层次也不同，这些差异将直接影响到高等职业院校的发展，也制约着高等职业院校对教师的聘请。因此，不管是职业院校还是企业，都要意识到不同区域的差异。在建设“双师型”师资队伍的同时，在经济较为发达的区域，可以聘请更多的企业兼职教师；在经济欠发达的地方，可以适当地聘请企业的兼职教师。

第五章 企业视角的职业教育校企合作驱动因素及其政策

第一节 政府应在校企合作中发挥统筹和宏观引导作用

基于教育平衡论中的“补偿”原理，国家有义务为区域内的高职教师提供更多的外部政策支持，并通过制定相应的改革措施，缩小区域内教师培训的差距，补齐区域内的短板。主要体现在相关部门应从领导角色转变为服务角色，科学合理地制订教师培训计划，加大专项经费的投入。

一、健全决策机制，强化政府宏观调控

随着国家建设的发展，高职教育已经逐渐发展成了具有中国特点的新领域，我国高等职业教育的类型化发展需要政府出台有效的政策进行宏观调控，需要政府起到监督引导作用。政府应理顺职业学院与企业之间的联系，理顺权责关系，实现管办评分开。政府职能应由微观向宏观调节，做好统筹规划以及资源配置，优化高职院校的办学格局。要完善高校的财政投入，构建多元的办学体制，除了设立专门的基金之外，还要健全各种激励机制，在促进资金筹集的前提下进行改革和创新；要完善相关的法律、法规，加强对高职院校的保障和扶持，并以政策引导和提升各主体的积极性，构建政府、高职院校与社会其他力量的新型合作关系。对有意从事技术的劳动者进行全面的培训，并制定相关的政策，以最大限度地提高毕业生的就业率，适应企业生产、管理和服务的需求。要推动产教融合，加强校企合作，制定相关的文件，为高职院校与产业合作的发展指明方向。制定

资金支持体系，健全监管与协调机制，以推动高职院校与产业合作的良性互动。要进一步健全有关的政策，尽快制定全国“双师型”教师资格证书制度，加强“双师型”教师的素质，增加教师的数量，提升他们的工资水平和社会地位，把更多的优秀人才带到学校来。要落实教师终身发展观，既要考虑到教师职后职业发展，又要强化师资培育与训练基地建设，加快高职院校职后整合的进程。

二、健全动力机制，激发院校内生发展

目前，我国的高职教育已在由上至下的经营模式中逐渐养成了一种惯性，其中不少是依靠政府发布的政策、规划等“模板”来进行发展的。高职教育的类型发展不仅要扩大数量和规模，而且要丰富内涵、促进质量、促进自身的成长，要把“内生”发展的思想贯穿于高职的内部发展之中。内生性发展不会排除区域以外的资源，也不会过分地依靠外部的资源，拒绝不符合地理特点的外部发展。政府应从理念和制度上保证高职教育的公平和生存权的均等，推进高职院校的机构改革，推进高职院校的协作和协同管理，构建由政府主导、社会参与的多元化管理机制。要在体制上确立“权力清单”，并对教育行政机关、高职院校以及其他有关部门的职权和责任进行界定，改进权责不明、推诿扯皮的问题。要依法维护职业技术学院的自主性，突破相对封闭的管理方式与结构，使之适应经济社会发展的潮流与自身特点，自主建构教育教学体系，通过不断改革与创新实现开放治理，使高职院校能够充分发挥自身的主动性与创造性。应加强对高职教育的资金支持，构建灵活的资源配置和激励体系，以充分调动高校的积极性，为其发展创造了有利的条件。要在全社会培养共同发展的良好氛围，要牢固确立“全方位发展观”，提高各有关部门的参与和内生动机，促使他们主动投身于高职教育的类型化发展中。在高职教育中，教师要充分利用自己的特长，开展创新教育和教学，学校要充分尊重他们的个性，根据他们的特点和爱好，为他们制定适宜的职业发展的人生规划。

三、实现领导角色向服务角色的转变

长期以来，我国高等职业教育的发展始终处于政府主导大环境下，高等职业学校的自主管理也是建立在政府的领导下。在高职教育与经济发展的相互影响下，

高职院校与企业界的合作越来越密切，政府应该顺应时势，化领导者为服务者，为高职院校内涵式发展和产教深度融合服务。一是有关政府部门要抓紧贯彻《中共中央 国务院关于全面深化新时代教师队伍建设改革的意见》《国家职业教育改革实施方案》《广东省职业教育“扩容、提质、强服务”三年行动计划（2019—2021年）》中提出的“双师型”师资培养的几项措施，为高职院校提供更大的自主权和更好的组织联络机制，发挥传达诉求、服务引导的作用；二是，要积极突破高校和企业合作的体制障碍，为企业提供政策扶持，为培训“双师素质”人才的企业提供优惠，提供设备、场地、培训等条件，以推动高职人才的专业化、职业化。政府通过降低自身地位，改变自己的身份，成为职业学校与公司之间的“桥梁”，为职业技术学院提供一个有利的外在条件。

四、制定科学合理的发展规划

高等职业技术学院的发展是一个系统化的过程，是由一个个独立的教师构成的整体环境。在科学预测和详细论证的前提下，国家应结合高职发展的总体规划和教师的实际情况，制定出适合我国高职人才培养的中长期发展战略，确保教师的专业水平达到最优。2021年8月18日，广东省教育厅、发改委、科技厅、财政厅四个部门联合印发了《高等教育“冲一流、补短板、强特色”提升计划实施方案（2021—2025年）》，为的是要从总体上对广东省的高等教育发展进行全面的统筹和协调。这一计划旨在解决广东省高校在不同地区之间存在的不平等问题，同时也为我国职业技术学院的发展提供了新的思路和方向。各级政府和有关主管部门要制订“冲补强”的发展方案，将师资队伍的培养列入高职发展的整体规划，理顺管理体系，按照高职院校自身的办学定位、规模、发展战略，从师资队伍结构、质量、管理、培训等方面作出科学合理的建设规划，并落实相关政策。为解决区域高等专科学校师资流失严重等问题，应建立“优质职业学校”和“流动岗位”，积极探索“轮岗”等新的办学模式，从宏观角度保证师资队伍的稳定和长远的发展。

（一）从经济和社会需要出发，推动当地的经济和社会发展

正确地把握自己的位置，是实现大学发展的根本和先决条件，只有这样，我

们才能制定出自己的发展策略和发展方向，实现自己的发展。高职院校与经济、社会发展有着密切的关系，是技术进步和技术人才成长的主战场，是解决地区人力资源和社会发展的重要支柱，而高职院校的发展又取决于它是否适合和服务于地区的发展。近些年，高职教育办学特色不断彰显，教育质量不断提高，但高职教育在地区经济发展中的作用却往往被忽略，很多地区把高职教育看作一种常规的高等教育，造成高职教育发展目标模糊、动力不足、技术技能培训质量下降，高职院校的专业设置与地区的发展需要不相适应，人才培养与行业发展的要求不相适应。高职院校要增强为地区经济和社会发展服务的意识，主动与地方政府、行业企业进行交流，把服务于经济和社会发展的思想贯穿于人才的发展之中，积极分享相关资源，形成良性循环，提高自身发展水平。要坚持先进性，为地区的发展提供科学的专业结构、合理的专业结构和战略的设计，以及在需要的时候设置新专业、淘汰过时专业。要注重突出自己的特长和能力，要把握自己的特征和发展现状，把有限的资金用于发展上，要体现独特性。应强化高职院校的产学合作，创新高职院校的人才培训方式，根据地区经济的特点和就业岗位需求，适时调整教学目标、教学方式、实习实训等方面内容，与行业企业对接育人。通过国家扶持，形成产业导向。职业院校提供场地、技术和人才，企业提供资金、设备和专业知识，逐步实现学校和企业之间的资源优势相辅相成，构建校企命运共同体。高职院校、行业协会、企业单位等主体要优势互补、资源共享、互惠互利、共进共赢，助推地区经济社会发展。

（二）根据教育方针的需要，确立学校的层级和职能

从当前高职院校的发展状况来看，最突出的问题就是高职的“高”和“职”之间的关系。高职院校要培养什么样的人才，应采取什么样的培养方式。《国家职业教育改革实施方案》提出了“职业教育与普通教育是两种不同教育类型”，“把发展高等职业教育作为优化高等教育结构和培养大国工匠、能工巧匠的重要方式”。高职教育的高水平特征体现在教学活动的内涵层面和工作的复杂性上，其实质是高职教学内容层面的整合和职能层面的内在映射。高职教育有5个职能，即人才培养职能、科研职能、社会服务职能、文化传承职能和创造职能。高职教育应走出传统的定位，主动进行探索。要正确认识高职的层级结构，区别于中职，

以“职业化”为内涵，以“高校化”为办学宗旨。2018年十三届全国人大常委会第五次全体会议上，提出了高职高专院校应加强人才培养工作，以适应科学技术发展和人才市场需要。高职院校要适应高技术、智能化的生产模式，加强科研、技术研发和学术研究，推动创新和关键技术的产业化，服务产业的技术研发，打造具有智库咨询、人才培养、科研攻关和创新创业功能的产教结合的平台。“双高计划”的出台，使我国的教育事业进一步发展。高职院校要立足“以人为本”“以服务地区”为目标，准确把握实际需求，准确把握“服务”的定位，提高自身的服务能力，拓展社会服务功能，创新社会服务模式，积极开展各项社会服务活动。鲁昕认为，中国的职教梦想是“中国梦”的一个主要内容，它是一个科技大国的梦想，一个全方位的发展梦想，一个所有人都可以成为一个有才能的人的梦想。高职院校要继承与发扬中国文化，走出一条适合中国国情、具有中国特点的道路，要具有独特的文化气息与文化风范，吸纳行业、区域文化要素，构筑独特的文化系统，做到人文性、技术性与职业性的统一，使学生能在良好的环境中受到文化熏陶，并在社会上发散自身文化的影响力与辐射面。

（三）高职院校要发展自己的特点，防止“同质化”

高职院校在竞争中要获得主动，获得优质的资源，从而获得可持续发展的动力。高职院校的主要能力应是几个因素相互影响、相互制约的有机统一，并呈现出明显的系统化特点。但是当前高职院校的同质化越来越明显，主要体现在高等职业院校与高等专科院校横向相似、与中等职业学校横向雷同、高职教育体系内趋同。不管是以市场为导向的高校追逐利润，以爆发式的发展方式带动了高等职业教育的模仿，抑或是以规范化的评估制度规范了高等职业教育的特色发展，都在某种程度上导致了高等职业教育的同质化。根据法国人布迪厄的“场域”理论，高职教育在高等教育领域的运作逻辑和其他行为体之间的互动导致了高职教育存在着“同质”现象。高职院校应提高其核心能力，根据自己的特点，防止同质化的发生。应强化高职教育的顶层规划，坚持以差异化和学生为主导的理念，提高自己的品牌价值，构建具有鲜明个性的发展生态场，把科技和文化资产与科技和教育技术和教育资源区别开来，使之与普通本科教育、中等职业教育区别开来。要在考核指标和考核方法上做出最优的选择，实现对大学本科教学模式的复制，向以科技、文化资产为基础的教学模式的改革。在这种背景下，高职教育应加强内场建设，营造一个良性的竞争环境和气氛，并在场域中形成良性互动，从而形成高职教育的良性循环。从外观设计、校徽、校训到教学设施、仪器设备等各个方面，要充分展现出教学氛围。在内涵构建方面，高等专科学校应自觉肩负起自身的社会责任，坚持内涵化发展道路，着力提高专业技术素质，建设优质的教师团队，深入开展校企合作，完善实训设备，夯实自身的办学基础，提升社会各界的满意度。为防止高校毕业生的“同质化”，高等职业技术学院应根据自身的专业特点，制定和实施灵活多样的招生制度，以适应社会各界对技术技能人才的迫切需求。以行业需要为指导，建立具有针对性的人才培训系统，以“知识”和“技术”相结合的方式，将“学科”与“专业知识”结合起来进行教学活动。

（四）政府应对高职教育追加特别拨款

我国大部分地区目前的发展状况比较落后，地方政府的财政支出增速远远赶不上高职教育对资金的需求。其中高校教师的培养经费是十分重要的。为此，必须加强对高职人才培养工作的统筹规划，加强对高职人才培养的经费保障，合理分配人才，同时大力发展高职院校，扩大办学经费的来源渠道。财政支援既要有“源头”，又要有“活水”。“源头”体现在国家和地方财政上，应该在教育经费中设立专门的经费，专门为职业院校师资队伍的发展提供支持；“活水”表现在社会资金的有效运用上，包括在横向技术服务、纵向科研、技术交易和非教育培训等方面，应积极争取校办产业、行业企业、社会团体、国际资金等多渠道筹集高职院校师资队伍建设经费。

第二节 政府在高职院校校企合作中发挥的主导作用

探讨中国特点的高等职业技术学院与企业之间的校企合作关系，对于提升我国高等职业技术人才培养水平，强化其服务于经济和社会的功能，有着重大的现实意义。《国务院关于大力发展职业教育的决定》明确提出，要在规划、资源配置、条件保障、政策措施等方面加大力度，为高职教育发展创造有利的社会条件。

当前我国高等职业技术学院在开展校企深度紧密的协作中，显示出各级政府发挥着顶层设计、引导管理、配套政策和政策落实的作用。

一、校企合作艰难不前的主要原因

（一）高等职业学校很难吸引企业

首先，许多高等职业技术学院因为历史的缘故，自身的实力还比较薄弱，对公司的吸引力不足。目前，我国高职教育存在着师资短缺、设备陈旧、专业核心实践缺乏等问题，导致高素质的人才培训工作无法适应市场需要。其次，根据目前的供需形势，我国劳动力市场仍然是一个买方型的，雇佣费用相对低廉，因此公司选择的空间更大。最后，由于教学任务重、科研能力弱等原因，高职院校无法适应企业产品研发和技术攻关等方面的需要。总而言之，目前职业技术学院在“魅力”上还不能真正地吸引到“意中人”。

（二）公司畏首畏尾，不愿意与学校合作

首先，公司作为市场经济的主体，其首要目的是获得最大的利润。但是，由于职业学校的办学性质，其经济效益是有限的。因此，企业对经济的追逐，使自身内在的活力不足。其次，在学校和公司之间的合作中，公司的投资比较高，尤其是工程专业，在设备和场所等方面的投资都较高。在企业的培训过程中，要选择合适的老师来教学员，企业在人力、物力、资金等上的投资也很大，也会在一定程度上影响企业正常的生产经营秩序。最后，在学校与公司之间的协作中，公司的风险更大。一方面，由于实习学生缺乏生产经验，不熟悉操作流程，容易在生产过程中出现意外伤害，加大了生产成本，加大了生产的难度；另一方面，高校毕业生的离职行为也是很常见的，使得企业的人才获取不太稳定。这对高校和企业之间的关系产生了很大的冲击。许多公司认为，学校与公司之间的关系是一种“负担”，使得企业不愿意主动去与学校合作。

（三）政府的角色定位错误，未能履行其主要职责

要实现经济的全面发展和经济的高效运转，就必须有相应的政府领导，要有相应的政策和相应的资金支撑，充分发挥学校的作用。首先，高职院校和合作企业分别隶属于不同的产业、部门，需要与教育、经济、财政、税务、劳动等部门

进行协调和交流。其次，近几年，国家对高校和企业之间的合作政策，大多是原则性和指导性的，并没有真正落实。最后，没有一个明确的计划和发展的目的。目前，我国高校与企业之间的协作缺乏统一规划，管理滞后，层次不深，成本高，效果差。尽管在全国范围内，校企间的协作正在进行，但大部分是以高等职业技术学院为主，存在着较浅的、较小的重复现象。这是由于学校与企业各自存在着一定的独立性，同时由于国家的职能缺失，导致学校与企业之间的互动极为有限。

二、确立政府在校企合作中的主体责任和主导作用

第一，建立校企联合管理部门，对校企合作进行统一管理和监督。为了建立校企合作的长效机制，需要建立由上至下的校企联合管理机构，明确其职能、职责、权力，对校企合作进行统一的管理。首先，在全国范围内，制定统一的校企合作管理机构，制定职能、职责等有关的法律、法规，明确政府、学校、企业各自的权力和责任以及相应的规定。其次，由教育、财政、税务、人力资源等各部门共同组建校企合作领导机制，统筹制定全省校企合作规划、配套政策、管理督导考核方案，指导、督导、考核各院校及各地方政府校企合作的完成情况。最后，各地要成立以教育、财政、税务、人力资源部等有关部门为主导的校企合作管理机构，负责制定区域内的校企合作规划、配套政策、督导考核方案等，真正形成校企合作的管理体系，出台、督导校企合作优惠政策的落地，统筹校企双方的优势资源，服务地区经济建设和人才培养。

第二，按照地区的行业特点，统筹制定本地区的学校和企业的发展战略。各地区县、市、区联合主管机关要根据辖区内的产业特点、高校专业实力等因素，制订辖区内校企合作发展的区域计划。首先，对本地区高校的学科布局进行科学的梳理，建立具有鲜明特点的学院，并建立相应的学科。其次，在区域支柱企业和主要行业中寻找符合学校特色的企业，建立以重点高校为主导的校企合作模式。要集中力量，要有专攻，要有优势，要有计划。这种模式不仅可以促进高等职业学校的特色专业的发展，也可以为区域经济发展提供有力的支持。最后，充分考虑沿海、省会城市等经济发展较好的区域，并结合各高校毕业生的就业情况和特

点，合理利用沿海城市发达的技术。

第三，充分利用国家对重点专业、重点行业的优势资源进行有效的融合。地方政府校企联合经营单位要立足本地区的主要经济特点，以推动重点产业发展、推动重点行业技术人员的可持续发展为切入点，在相应的学院之间开展资源的有效整合。推进“混业经营”，深化“校企”“双创”。首先，寻找特色、重点和支柱企业，对校企合作的突破口进行剖析，确定部分车间、部门开展实质性的校企合作；由校企合作管理机构牵头，建立相关领导机构、管理机构和运行机构，建立校企合作的长效管理体制。其次，各方可以保留其原有的财产，并增设新的功能，还可以将他们的财产和资金分成两组，组建一个新的合资公司。以崭新的制度体系为基础，全面发挥其新的作用，从而构建起一种新型的“双师型”合作教育模式。通过这种方式，可以有效地利用企业的设备和技术资源，推动高校的人才培训，从而提高人才的素质，为地区的发展提供有力的支持。

第四，完善学校与企业的相关法律、法规，及时兑现和考核相关的政策。要调动校企间的协作积极性，确保校企合作的正常运行，提升双方的协作水平。要制定一套完整的校企合作的法律、法规，以合理的方式弥补校企合作中的成本，并落实有关优惠政策。首先，要加强现行的学校与企业之间的相关管理和考核制度。以某工学院的实习生为例，公司最关心的就是学员的安危，为了能让公司放心，国家可以将实习生纳入《中华人民共和国劳动法》的保护条款中，如果学生在实习中发生了什么意外，也会受到同样的待遇。其次，要对校企的合作进行适当的补偿，并适时落实有关的校企合作优惠，以激励双方的协作积极性，从而建立起一种激励作用。要加强对高校和企业之间协作的补偿，并在此基础上，确立提供教育的体制上的激励措施。根据国外和国内的成功实践，我们认为，建立并执行积极的补偿和奖励政策，可以促进公司的发展。

在此基础上，要强化地方政府的主体作用，建立完善的行政体制，统筹规划，整合资源，推动重点行业资源的整合，健全监管、监督、检查和相关的补偿机制，确保相关优惠政策的落实。要使学校的资源得到优化、高效的分配，形成和谐高效的运行机制，使学校与企业之间的合理利益诉求得到充分的满足，从而形成双赢的经济与社会效益，最终形成政府主导，校企双主体全面、深层次、紧密性、长期性的合作格局，构建适应地区经济发展的高素质、高技术、高技能型人才。

第三节 提高企业对校企合作的积极性

一、企业对校企合作积极性不高的原因

高校与企业之间的协作，是确保高等职业院校教学的有效途径。然而，在经济层面上，由于效益有限、成本高，导致高校与企业的协作不足。表5-1显示了企业和学校在合作中的潜在利益和潜在费用，需要对高校与企业之间的利益与费用进行比较全面的研究。

表5-1 校企合作中企业、学校的成本与收益表

企业		学校	
可能收益	可能成本	可能收益	可能成本
1.满足人才需求 2.降低培训成本 3.获得技术服务	1.提供实习岗位 2.共建实训基地 3.共建师资队伍 4.参与课程建设 5.提供就业岗位	1.建立顶岗实习和就业基地 2.锻造专兼职双师教学团队 3.改善实训条件 4.促进教育教学改革的深入	1.按照企业要求培养高技能人才 2.承担培训任务 3.共享教学资源 4.提供技术服务

（一）在学校和公司之间的关系中，公司所能得到的利益是非常有限的

学校通过与公司的联合，可以获得以下好处：满足高技能人才的需求，降低员工培训成本，获得相应的技术支持。然而，这样的好处非常地少。

第一，当前劳动力市场存在着严重的供求关系，在劳动力市场中，公司占据着主导的地位。因此，尽管校企间的协作能够在某种意义上解决高技术人员的问题，但是在这种情况下，企业能够得到的利益却是非常有限的。

第二，在雇员的训练和技术服务的获取方面，公司也没有太多的好处。大公司的员工素质和技术水平并不比职业学校的老师差，有些行业员工的水平比职业学校的老师还要好。再加上这些公司通常都有自己的培训公司，所以高等职业学校对员工进行培训的可能性很低。而中小公司的员工素质和技术水平相对低，而且大多是民营公司，因此他们对员工培养的工作热情都比较低。另外，目前我国职业技术学院的师资力量还不够强，在技术工作中无法适应社会发展的需要。

（二）学校和公司之间的协作将导致公司的成本支出上升

许多公司对校企间的协作并不热衷，因为校企间的协作会使公司的成本和开支增大。

第一，企业和学校之间的前期贸易成本。例如，在为大学生开设实习岗位时，会考虑到公司所供应的岗位性质、数量，为学员安排岗位会不会对公司的正常经营产生不利的作用，同时也会对学员的住宿、经营等方面产生一定的影响。要想有效地化解上述问题，就必须提前与各有关单位、职业学校进行认真的协调与交流。这些协调与交流常常与一些公共关系和接洽工作相结合，需要投入一定的人力、物力和资金，对于生产和研发任务繁杂的公司来说，这样的前期处理会大大增加企业的经营管理成本。

第二，企业和学校之间的关系成本。在学校与公司的合作合同签署之后，公司还要负担一定的成本和风险。企业在为学校开设实训基地和师资队伍、参加校内的课程等方面，都要在资金、人员、设备和管理上投入大量资金。在产品制造中，如果发生质量问题，会造成严重的财务问题，而一旦发生安全问题，情况则更为复杂。

二、提高企业参与校企合作积极性的对策与建议

高校与校企的联合办学，是搞好高等职业技术教育的一项重大措施，也是为广大高校提供一流专业技术人员的一种好对策。通过这种方式，高校可以充分利用自身优势，为社会和市场提供专业技能，从而加强校企间的紧密联系，推动教育和生产的深度结合。校企合作是学校与公司的双赢，学校和企业之间的合作可以使学校与社会的关系更加紧密，从而达到社会的现代化，促进社会的发展，两

者可以相互渗透，资源共享，相互帮助。企业应以自身发展为基础，树立培育人才战略储备的观念，种下一棵梧桐树，就能引来一只凤凰。要主动为学生创造良好的实习环境和就业环境，积极参加校企合作，为高校的高技术人员的培训工作做好准备。

（一）“互利共赢”

政府应制定有关的政策，鼓励企业参加学校和公司之间的协作。通过税收减免、财政补贴等多种激励手段，对公司进行一定的补偿，增加公司的收入。在充分了解的前提下，再培养出一种正面的感情，以一种激情来管理学校和企业之间的关系，实现共赢。学校和企业之间的关系是两个不同群体之间的关系，要结合各自的实际，以“互惠、双赢”的理念，找到合适的切入点，以创新的思路，建立适合两个不同主体间的合作方式，形成一个共同的目标，相互依赖，共同努力。

（二）积极探讨高校与企业之间深入的交流

高校要在专业、内容等方面进行积极探讨。当前一些人将学校与企业的关系看作公司发展的必然要求，将学生的学业与公司的实际工作结合在一起，并列举出各种有利条件。其实，对公司来说，经济效益是第一要务，完成生产任务、提高经济效益是最主要的。校企合作是一种必然选择，只有进行校企合作，企业才能得到更加稳定的发展。因此，在校企合作的时候，校方要了解公司的困难，同时要考虑合作的专业、内容和合作伙伴的选取。

第一，加强学校与企业之间的协作，发展课程与教学建设。高校与企业的合作，既可以带动教材建设，带动教学手段、教学方法的建设，也可以为相关实习实训基地的建设提供有益的借鉴，同时还可以帮助广大教师在教学中不断地积累经验，不断地更新教学理念，锻造良好的教学品质，促进教学管理的标准化，以推进学校的教学建设，优化教学体系，提升教学整体水平。

第二，争取行业和企业参与实践教育的环境建设。企业和行业的大力扶持是高校毕业生实习实践活动顺利开展的助推器。在校企合作的基础上，要聘请更多行业和企业的专家，参加专业实习课程制定、专业建设、课程改革、教材编写、学生实习等工作，聘请企业的专业老师，到教室里进行教学。这有助于学生实践能力的提升，教学效果的提升，促进校企合作的良好运行。

第三，从业内引进专业人士。为了提升教师队伍的素质，学校应加强与产业公司的联系，加强校企合作，加强对专业人才质量的培养。一方面从企业引进管理和技术人员担任专业课和实践课的教师，另一方面对现场技术要求高、技术水平要求高的专业课和实践课应聘请企业和行业专家担任访问学者。公司可以与国内外同行建立长期的联系，还可以聘用一些兼职教师，为学校的教师和同学授课，通过学科教学系统化的方式，参与到学科教学、学科建设等方面，以推动学科的发展。

第四，建立学校与企业之间的合作关系。结合校企共建“2+1”的“学、训结合、工学对接”的教学体系，广泛听取行业、企业专家、企业一线优秀职工的意见，结合企业、学员的实际情况提出建议。依据专业发展规范和要求，以工作流程为指导，从岗位工作流程出发，确立“专业基础能力、核心竞争能力、专业拓展能力”三大岗位能力，建立适应高职教育要求的、以岗位职业能力为核心的课程体系。

同时，围绕“校企合作”的主题，加强基础学科的构建；根据工作任务的需要，进行教学大纲的编制；针对本专业的工作需要，结合本专业的知识、能力、素质要求，由业内专家组成课件制作小组，召开专题讲座，选择课程的教学内容，以真实的工作任务和工作标准为基础，以工作流程为导向，重构、序化课程内容，按照岗位工作标准组织教学，做到理实一体化教学。营造“上学如上班，上课如上班”的教学场景。课程开发的主要成员包括：学校的专任教师、课程开发专家、行业企业专家以及校企合作、课程开发、岗位分析、工作流程分析等相关岗位人员。在专业发展阶段，注重专业技能培训，与工业公司共同开展以工作流程为基础的专业课程的开发和设计，以体现职业化、实践性、开放性等特点。

第五，以产业为基础，打造“双师型”教师。高职院校要注重技能人才的培育。技能教育具有以实用为导向、注重知识和技能相融合、注重课堂和实习相融合、注重运用技能和注重实践性培养的特点。为了更好地提高实践技能，学校应与校内外企业开展协作，组织学员到合资公司进行实习，并从多个公司中聘请专业技术人员为学生提供专业课程教学和实践指导等。派遣有关专业的老师到各大院校去实习，培养“双师型”教师。

（三）构建以产业和公司为主体的第三方教育评估体系

学校应吸纳各大工业公司参加教育质量评估，并与各大工业公司合作，探讨教育培训的全流程化，通过实践检验，使教育的质量得到有效的提高。在行业、企业管理、技术人才的培养、目标定位、人才培养方案的制订、课程设置、实习场所建设、课堂教学实施、教学效果检验、毕业生跟踪调查等方面学校都要积极主动地作为。在工程、生产、工学结合、顶岗实习等方面，对技术人员进行专业技术培训。在此基础上，结合企业自身的特征，提炼出企业在工作中所必须具备的知识、技能、心态，将其按照总体的工作任务划分成几个职业能力单位，并确定各个学科具体的评估指标，建立综合素质评估体系，以作业能力、管理能力等指标为基础，由校企双方联合评估。

第四节　建立高职院校校企合作的新模式

根据当前发展状况，高等职业技术学院应建立工学结合、校企合作的新教学方式，以提高职业技术水平为根本目的，是促进职业技术教育健康发展的重要措施。本书结合目前国内高职院校校企合作情况，探索建立具有产业特征的校企深度协作模型，为高职高专教育提供专业技术人员。

校企合作办学是高等职业技术学院在立足自己实际需要的情况下与社会各界携手，以实现共同发展的目的。在实施过程中，要根据高职教育专业设置的特殊性，立足企业的实际生产需求，采取“产学研”联动的发展方式。高等职业技术学院要把自己的智慧和实践能力尽量融合在一起，使两者相辅相成，把理论知识运用到实践中，通过实践检验和提高理论水平。在学校与企业的协作中，主要是从企业中挑选合适的合伙人，建立起相应的组织与运作体系，制订相应的培训计划，搭建起一个实训基地，最后组建一支高素质的兼职导师和教练团队，并对整个实习流程进行有效的组织与控制。目前，我国高等职业技术学院实施了工学结合、校企合作办学的办学模式，并在实践中起到了一些促进学生社会实践、增强职业能力、增强职业素养、促进就业、促进学生增收、减轻家庭经济压力等方面的作用。

对于高等职业技术学院来说，校企合作能够提高其品牌知名度和品牌形象，并能实现良性的协作关系；对于公司来说，校企联合办学可以有效地解决“用工荒”问题，而且可以使员工的技能得到进一步的提升，从而增强公司的竞争能力。目前，我国高校和企业合作在理论上有所进展，但在实践中仍有许多问题，比如高校的利益追求，企业的短期行为，政府缺乏必要的资金和政策支撑。特别是在高校与企业的竞争中，很难实现对等、平衡，从而影响了双方的协作效率。目前，由于缺乏一个专业的校企合作组织，缺乏相应的合作规范来进行相关的法律规范和法律引导与保证，使部分工程无法实施。从双方的关系来看，目前我国高校与企业之间的协作还处于较浅的阶段，中高层的协作还很少。还有一些职业技术学院自身的整体素质不高，这对学校与企业之间的关系产生了某种影响。

高等职业院校要为我国的现代化发展提供高素质的职业技术人员，其所培育的职业技术人员的技能性、专业性和实用性都比较突出。高等职业技术院校应当与企业界有着更加紧密的关系，高等职业技术教育不能脱离实际的实习和实践，要与企业结合起来培养学生，走校企合作、工学结合的发展道路。为此，有关部门也开始重视这一问题，并建议出台有关校企合作的法律，以保证校企之间的协作。

目前，我国高等职业技术学院的校企合作已经有了一些成果，虽然还存在着“一头热”、合作程度低、合作机制薄弱等问题，但是实施校企合作办学是必然的方向。

首先，高职高专为生产、建设、管理、服务第一线培养应用类专业技术人员，而非单纯靠学校的培训，只有学校和企业密切合作，共同培养，才能达到目标，两者相互依赖，职业技术学院学习企业的专家，专家制订科学可行的人才培养方案，单位和企业可以解决一定的用人和招聘难题。可以说，在高等职业教育中，实行校企合作是提高学生素质的一个重要途径。

其次，这种新型的“校企”合作方式，既能提高学校的办学生命力，又能提高学校的办学质量，能让学校对社会的现实需要有一个更为深刻的认识。可以说，学校与企业之间的协作，是职业教育专业人才与公司发展需要的真正反映。

最后，“双师型”的职业技术人才是高等职业技术学院的一个特点，而校企合作是高职人才培养的一个关键，也是一个重要的教学形式。

高校与企业界是两个不同的社会范畴，两者之间的持续深入合作，既要建立健全的运作机制和制度，又要充分考虑各方面的需求。南通纺织职业技术学院十分注重校企合作机制和制度建设，并在实践中充分实现了校企合作办学、合作育人、合作发展，形成了具有行业特色的校企深度合作模式。

参考文献

[1] 产教融合、校企合作深入推进！中德双元制职业教育产业园在太仓成立 [J]. 汽车维修技师，2024（12）：9.

[2] 陈勇 . 江苏职业教育汽车类专业校企合作的现状、问题与改进建议 [J]. 汽车维护与修理，2024（12）：48-50.

[3] 叶倪，黄宝明 . 企业视角下的职业教育校企合作实践研究 [J]. 北京经济管理职业学院学报，2024，39（2）：43-50.

[4] 刘红梅，李森，范学锋 . 我国职业教育校企合作的创新研究——基于波特五力模型分析框架 [J]. 职教通讯，2024（5）：45-52.

[5] 王文生，王琳，王梦露 . 职业教育校企双元合作活页式教材开发与实践 [J]. 华章，2024（5）：90-92.

[6] 王燕，薛文静 . 推动校企共建共管产业学院和企业学院 [N]. 西安日报，2024-04-29（4）.

[7] 夏忠欣 . 职业教育校企合作嵌入金融人才培养的路径研究 [J]. 科教文汇，2024（8）：125-128.

[8] 余凡 . 新《职业教育法》视域下高职校企合作“多元共生”治理体系研究 [J]. 工业技术与职业教育，2024，22（2）：41-44+49.

[9] 刘禹彤 . 校企合作视域下的新型会计职业教育模式研究——以天津市高职院校为例 [J]. 商业经济，2024（5）：194-196.

[10] 徐世卿，常博 . 创新驱动助力打造“世界绿色硅都”——高等职业教育产教融合与校企合作对策研究 [J]. 鹿城学刊，2024，36（1）：38-41.

[11] 肖颖，孙长坪 . 论强化企业参与职业教育校企合作的社会责任 [J]. 教育科学

论坛，2024（9）：21-26.

[12] 贾晓燕 . 新疆高等职业教育校企合作政策执行现状研究 [J]. 新疆开放大学学报，2024，28（1）：59-64.

[13] 杨雯君 . 校企合作模式下职业教育酒店管理专业人才培养 [J]. 河北职业教育，2024，8（1）：67-69+74.

[14] 尹卓琳 . 简谈我国职业教育及校企合作 [J]. 河南教育（教师教育），2024（3）：86-87.

[15] 孙慧哲，徐慧 . 职业教育校企合作协同困境及解决策略——基于“主体—过程—结果”协同治理分析框架 [J]. 中国职业技术教育，2024（7）：77-83.

[16] 蒋春兰 . 基于职业教育办学制度改革创新的校企合作新模式探索 [J]. 安徽教育科研，2024（6）：7-9+21.

[17] 居顺华，李永岳 . 校企合作促进职业教育质量提升的策略研究 [J]. 中外企业文化，2024（2）：214-216.

[18] 秦明月 . 职业教育校企合作中的校企法律关系重构——以霍菲尔德权利理论为分析工具 [J]. 职业教育，2024，23（6）：3-7.

[19] 尹海燕 . 产教融合视角下职业教育校企合作模式研究 [J]. 四川劳动保障，2024（1）：129-130.

[20] 杨赟 . 职业教育校企合作与行业发展融合路径——以现代物业管理专业为例 [J]. 公关世界，2024（1）：85-87.

[21] 郭晓芹，李鹏，单长梅，等 . 政校企共建职业教育创新发展高地的合作机制研究 [J]. 九江职业技术学院学报，2021（4）：1-4.

[22] 王宁 . 契约理论对创新发展高等职业教育校企合作关系的启示 [J]. 文化创新比较研究，2020，4（35）：50-52.

[23] 姜利妍，张雷 . 高等职业教育创新发展模式下校企合作的实践应用 [J]. 学园，2020，13（9）：66-67.